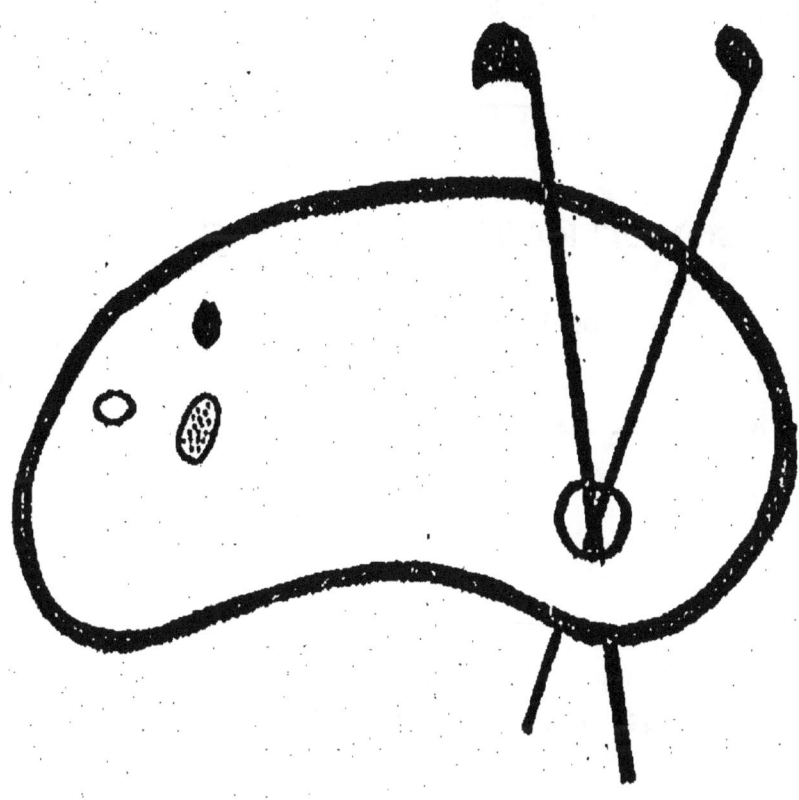

COUVERTURE SUPERIEURE ET INFERIEURE
EN COULEUR

« JE ME SUIS ÉVEILLÉ »

CONDITIONS DE LA VIE

DE L'AUTRE COTÉ

COMMUNIQUÉ PAR ÉCRITURE AUTOMATIQUE

« Une porte fut ouverte dans le ciel. »

ÉDITÉ PAR LA DUCHESSE DE POMAR

Prix : 2 francs

PARIS
RÉDACTION ET ADMINISTRATION DE L'AURORE
124, AVENUE DE WAGRAM, 124

1895

« JE ME SUIS ÉVEILLÉ »

« JE ME SUIS ÉVEILLÉ »

CONDITIONS DE LA VIE

DE L'AUTRE COTÉ

COMMUNIQUÉ PAR ÉCRITURE AUTOMATIQUE

« Une porte fut ouverte dans le ciel. »

ÉDITÉ PAR LA DUCHESSE DE POMAR

Prix : 2 francs

PARIS
RÉDACTION ET ADMINISTRATION DE L'AURORE
124, AVENUE DE WAGRAM, 124

1895

« JE ME SUIS ÉVEILLÉ »

CONDITIONS DE LA VIE DE L'AUTRE CÔTÉ

Communiqué par écriture automatique.

« Une porte fut ouverte dans le ciel. »

PRÉFACE

Il est à peine nécessaire d'expliquer au lecteur ce que signifie cette expression : « écriture automatique », mais comme le *modus operandi* diffère légèrement suivant les personnes, il sera peut-être bon d'indiquer exactement comment ce livre a été écrit.

Il fut dit à trois amis qui avaient reçu, par ce moyen, des messages sur divers sujets, qu'ils pourraient avoir un compte-rendu de la vie de l'autre côté — autant du moins qu'on pourrait l'expliquer par des mots — s'ils tenaient des séances de temps en temps dans ce but. En conséquence, ils se réuniront plusieurs fois dans des endroits différents, dans la maison, au dehors — toujours à la lumière du plein jour.

L'un d'eux prenait du papier et un crayon et écrivait rapidement, environ pendant vingt minutes, sans regarder le papier, et ne se rendant nullement compte, au moment même, de ce qu'il écrivait. A la séance suivante, le fil était repris exactement là où il avait été interrompu et quelle que fût la longueur du temps qui s'était écoulé depuis la dernière réunion.

Le livre est présenté tel qu'il a été dicté, sans qu'il ait été nécessaire de faire aucune correction, et, à l'exception du titre, pas un mot n'a été ajouté ; les entêtes, citations, etc., tout a été donné en même temps.

On a expliqué cette écriture automatique, ou inconsciente, de différentes manières ; mais ceux qui ont reçu ces messages ont fini par croire que l'explication la plus simple et la plus raisonnable de ce fait est que ces communications viennent, comme cela leur a été dit, d'Esprits qui ont demeuré une fois ici et qui ont maintenant passé dans l'invisible.

PREMIÈRE PARTIE

LA PSYCHÉ

INTRODUCTION

Chers amis, plusieurs de nous, de ce côté-ci, ont désiré, depuis longtemps, donner aux habitants du pays d'où nous venons, un récit plus complet de notre vie et de ses conditions. Nous savons bien qu'il y a eu des révélations faites par notre monde au vôtre pendant les siècles passés, et même qu'aucune époque n'a jamais été privée de ces révélations. La grande « ouverture », qui fut accordée à Jean par le Maître, est sans aucun doute la plus grande de ces révélations ; mais, à cause des circonstances même dans lesquelles elle a été donnée, elle est peut-être la plus difficile à comprendre. Notre Maître avait passé rapidement à travers l'état intermédiaire, ou le Hades, et était entré dans la sphère céleste. Là, lorsqu'Il eut pénétré l'esprit de sa nouvelle vie, son cœur se tourna naturellement vers celui de ses amis terrestres qui, mieux que tout autre et même seul, pouvait le comprendre, et il chercha à révéler à Jean, par une vision, le milieu dans lequel il venait d'entrer et qui, pour Jean, était l'image des choses qui devaient bientôt se passer. Bien que l'Apôtre comprit très bien cette vision, il lui était presque impossible de l'exprimer avec des paroles. Eh bien, nous, chers amis, aussi modestement que nous pourrons le faire, nous essayerons de vous parler des choses qui doivent bientôt se passer ; et lorsque nous aurons à traiter de faits célestes, nous demanderons à ceux qui vivent dans ces sphères de nous les révéler, et nous vous les interpréterons aussi bien que possible.

Il n'y a pas de raison qui empêche que les clés du Hades et du Ciel ne soient mises dans vos mains, car nous croyons que vous avez une foi vivante, cette foi qui donne le droit d'entrer et de prendre possession.

Vous nous demanderez peut-être de quelle manière nous pouvons communiquer avec vous ; comment nous vous faisons écrire ceci ? Nous sommes encore assez terrestres pour être capables de mettre notre force psycho-électrique en rapport avec vos courants électriques ; cette force agit sur votre cerveau *sous-conscient* (1). Nous

---

(1) *Sub-conscious* est l'expression adoptée par les écoles anglaises, mais le sens est plus tôt *supra conscient*.

ne pouvons pas voir réellement ce que nous écrivons, mais aussitôt que cela est entré dans votre cerveau conscient, nous savons que c'est bien ce que nous avions l'intention de dire. Le choix des mots, le style est limité, dans une assez grande mesure, par vos propres pouvoirs, mais non pas entièrement; nous pouvons quelquefois employer des mots et des phrases qui ne vous sont pas familiers. Mais, à mesure que nous progressons ici et que l'esprit domine graduellement l'âme, la possibilité de vous transmettre des mots diminue, et finalement nous ne pouvons plus vous atteindre que par le pouvoir silencieux de l'amour et de la sympathie, et nos rapports devront se limiter à cette influence élevante de l'âme que vous appelez adoration ou extase.

Lorsque le Maître se fut retiré de la sphère psychique, il ne pouvait plus communiquer avec ses amis que par l'esprit, et il en est de même pour nous tous. Lorsque des messages sont présentés au nom de personnes qui ont passé depuis longtemps, ou bien ils viennent de quelqu'un de « leur école », ou le message a été transmis à travers un médium de notre côté avant qu'il ne vous fût envoyé.

LIMITATION DE LA CONNAISSANCE, DE L'EXPÉRIENCE ET DU POUVOIR

« *Un enfant qui crie dans la nuit; Un enfant qui crie pour la lumière; Et qui n'a pas d'autre langage qu'un cri.* »

Combien absurde paraît, à la lumière de l'expérience, cette ancienne croyance qui dit que lorsqu'une âme a passé au-delà de la mort, elle atteint immédiatement toute connaissance, tout pouvoir et toute expérience. Cette idée doit paraître insensée non seulement à nous qui sommes de l'autre côté, mais à vous qui comprenez que le développement de toute véritable vie se fait lentement et graduellement. Non, en vérité, notre savoir, bien que merveilleusement augmenté, est encore limité, et nos pouvoirs ne sont qu'à l'enfance.

Cependant, comme nous avons gravi quelques sommets dont vous n'avez pu que rêver encore, nous pouvons vous communiquer quelque chose qui, non seulement vous intéressera maintenant mais, comme une carte du pays, vous guidera lorsque vous viendrez ici.

Dans quelle position nous trouvons-nous à votre égard? Dans celle des « Anges de l'Église » dont parle saint Jean.

C'étaient ceux qui avaient passé de votre monde dans celui-ci, mais sans être encore arrivés à l'état supérieur où se trouvait le

Maître. Encore imparfaits, mais se hâtant vers la perfection, ils cherchaient à aider leurs frères de la terre autant que possible. Nous tâcherons d'être des « Anges » bons et sages à votre égard et de vous communiquer les résultats de notre expérience collective. « Que celui qui a des oreilles pour entendre entende ce que l'Ange dit aux Églises. »

Avant d'essayer de vous donner des détails sur notre vie, il sera bon de vous dire quelque chose au sujet de notre foi, par rapport aux grands principes fondamentaux de Dieu, de l'homme et de la vie humaine.

L'UNITÉ DE DIEU

« Dis au peuple : Le JE SUIS m'a envoyé à vous. »
« Pourquoi demandes-tu mon nom puisqu'il est caché ? »
Qu'est-ce que Dieu ?

Aussitôt que nous nous servons de noms et de termes nous limitons ce qui est sans limite, nous définissons l'indéfinissable. Le rôle des noms, lorsqu'ils caractérisent l'objet et ne sont pas des termes vides de sens, est de qualifier. Le nom montre que la personne possède des attributs différents de ceux que possèdent d'autres personnes, et suppose que ces autres personnes possèdent des attributs qu'elle ne possède pas, et, par conséquent, nous limitons la personne à l'étendue de ses attributs. Si j'appelle Dieu « Père », je le limite dans la mesure qui indique qu'il n'est pas mon frère, et si je l'appelle « Seigneur », j'entends dire qu'Il n'est pas mon égal, mon compagnon, mon ami. Toutes les définitions sont donc limitées et, jusqu'à un certain point, induisent en erreur; cependant nous sommes forcés d'employer des termes. Le plus véritable est celui donné à Dieu par Moïse : JE SUIS. C'est-à-dire : Je suis tout l'Être, et tout l'Être est moi-même ; et cependant, même cela semble le mettre hors du phénomène.

Oui il n'y a qu'UN seul Être dans tout l'univers; UN en qui tout l'être, toute la force, tout le phénomène sont unis, et en dehors de celui-là il n'y en a pas d'autre. Il n'y a pas de vie qui ne soit pas Dieu, il n'y a pas de mort qui ne soit pas Dieu; pas d'objet, pas d'esprit qui ne soit LUI. Tout est UN et, faute d'un meilleur terme, nous appelons cet Un Dieu, tandis que le pouvoir même par lequel nous parlons est Dieu; l'Absolu, l'Illimité, l'Infini, l'Éternel.

De ce premier principe découlera immédiatement le second :

L'UNITÉ DE L'HOMME

Par ceci j'entends, non pas l'union d'un homme avec un autre, non pas l'homogénéité de la race, mais l'absolue unité de l'homme avec Dieu; un comme être essentiel, sinon en potentialité effective. Nous disons souvent que Dieu a créé l'homme. Cette phrase peut produire une fausse impression, car nous pensons à une création qui sort de Dieu, à un commencement de l'homme; l'homme s'étant séparé de Dieu, ce qui n'est pas réellement. On aura une vue plus claire de la question en se représentant que Dieu a communiqué le souffle de son être à l'homme limité et lié par le temps et l'espace. L'intention éternelle, qui avait toujours été, fut ainsi manifestée dans le phénomène et devint, pour un temps, esclave afin qu'elle pût pleinement se développer par la lutte avec ce qui semblait en antagonisme avec sa nature divine.

« Qu'est-ce que l'homme pour que tu te souviennes de lui? » Ah! il est en vérité Toi même et toi, Dieu, tu es moi-même; moi et Lui sommes un; je suis venu de Dieu et je retournerai à Lui. »

« Avant Abraham était le JE SUIS. Ceci sont les paroles que le Maître a dites, mais nous pouvons aussi les prononcer. Nous aussi nous pouvons dire :

JE SUIS;
JE SUIS ce qui existe;
JE SUIS ce qui comprend Tout;
JE SUIS l'Infini.

L'UNITÉ DE LA VIE

Des deux propositions précédentes découle nécessairement notre troisième : c'est-à-dire l'unité de la vie. Par là aussi nous voulons dire — non seulement l'union d'une forme de la vie avec une autre, ou le développement du supérieur venant de l'inférieur — mais sa véritable unité avec cet Être un dont nous avons parlé comme étant Dieu et l'Homme.

(De la Chaîne de la Vie, dicté à une époque antérieure)

On ne saurait trop insister sur l'unité absolue de la vie. La vie est une; c'est un courant d'influence électrique et nullement matériel, qui procède de la grande source de la vie. Ce courant ne peut pas être découvert par le microscope ou le couteau à disséquer; il n'est pas matériel et ne peut pas être révélé aux yeux matériels, mais il donne la connaissance à la matière; il se manifeste dans elle et à travers elle. Si nous nous représentons l'univers comme une chaîne, cette chaîne serait composée d'anneaux séparés enfilés sur une corde invisible, cette corde étant le souffle du Divin. Sans ce souffle l'univers serait immédiatement dissout et s'évanouirait devant les yeux mortels.

Au commencement la Terre était sans forme et vide. Au commencement, c'est-à-dire lorsque le Un vivant fut disposé à mettre en manifestation extérieure quelques-unes des pensées de son cœur; et, dans l'espace vide, il souffla le souffle de son propre être. Alors la matière fluide gazeuse et invisible s'amalgama par le pouvoir de son souffle et une terre solide apparut là où, avant, il n'y avait rien en de pareil.

(Nous ne savons encore rien de l'origine actuelle de la matière, car nous ne connaissons pas l'origine de la vie, mais seulement ses premières manifestations.)

La vie a — pour parler généralement — quatre formes de manifestation : 1° l'Inconscient; 2° le Conscient; 3° le Moi Conscient; 4° le Divin Conscient. La forme inférieure de la vie se trouve dans le granit pur; la seconde dans la vie végétale; la troisième dans la vie animale; la quatrième dans l'homme. Ces étapes sont très bien exposées dans la Genèse, ce livre qui, comme épitome de la vie, ne sera jamais surpassé. Ces formes sont en contact intime et reliées l'une à l'autre, et la vie est essentiellement la même dans toutes. Dans les formes inférieures le mouvement est moindre, mais il augmente à mesure que les formes se développent. Ai-je donc en moi la même vie qui est dans la pierre ou la fleur; dans la bête sauvage ou dans l'oiseau qui chante? Oui précisément la même, mais plus pleine et plus développée. En tant qu'il est question de votre être manifesté, vous êtes absolument un avec toute la nature. Cette vie cherche toujours de nouvelles manifestations; lorsqu'elle est chassée d'une forme, par la rupture de la mort, elle en cherche une autre. Poussée par la volonté de son Père, elle cherche constamment à se manifester, elle se précipite à travers la chaîne de l'Univers et s'écoule perpétuellement en grands Cycles, ou rondes, de Dieu à Dieu.

« Pas un passereau ne tombe à terre sans la volonté de votre Père! » ainsi a dit Celui qui savait.

Rien n'est plus cruel, plus inflexible, plus impitoyable que la Nature; elle ne distingue pas entre l'ignorance et le péché, entre le fort et le faible. Quel que soit celui qui transgresse ses lois immuables, il devra subir sa peine et, probablement, causer des souffrances aux autres; elle ne tient aucun compte de l'individu et guère plus du type. C'est là ce que disent les savants; est-ce vrai? Oui ces deux affirmations sont également vraies. Comment les concilier? Premièrement, la vie ne peut jamais se détruire : les formes tombent, mais la vie échappe et se manifeste d'une autre façon. La stagnation n'est pas le meilleur état : le rocher peut bien envier la fleur qui croît sur lui, il vit (sous cette forme) un jour seulement; la fleur peut envier l'oiseau, même lorsqu'il tombe dans le piège du chasseur. Mais l'envie est inutile, la vie passera au moment voulu, allant du plus bas au plus haut.

La douleur est causée par le conflit du physique avec le psychique; le péché par le conflit de la Psyché avec le Pneuma. Ces souffrances sont de véritables bénédictions, car elles excitent les forces à une action meilleure et plus forte. Lorsque nous passons de l'autre côté, nous laissons les formes inférieures de la vie derrière nous, ne prenant que les plus hautes, et nous sommes revêtus d'un corps qui est, par rapport au vôtre, ce que l'esprit est à la chair, mais qui cependant est encore une forme manifestée.

Par cette quatrième forme de la Vie, que nous avons appelée le Divin Conscient, je n'entends pas une foi ordinaire en Dieu, — la possession de cette foi importe peu; — mais je veux dire le pouvoir d'adorer, d'avoir la foi en un autre et d'aimer un autre et la race; quelque chose de plus élevé que l'affection d'un chien pour son maître; le pouvoir qui dit : que je périsse, si, par ma perte, d'autres peuvent gagner.

Ni le moi, ni ce que le moi peut donner n'est le principal, mais l'abnégation volontaire pour le bien des autres est la condition essentielle.

C'est ce que j'appelle la conscience divine. On peut la trouver dans toutes les classes d'hommes. C'est là la semence de Dieu, qui ne peut jamais périr, mais qui doit être immortelle, comme Lui est immortel.

La chaîne de la Vie court donc à travers toute la création, reliant le tout ensemble, et à travers elle passe le véritable souffle du Divin donnant à tout une vie nouvelle et supérieure, qui est le véritable « Ego » et qui durera lorsque le ciel, la terre et tout l'être manifesté auront passé.

VUE RÉTROSPECTIVE

Lorsque nous considérons ainsi la vie dans son ensemble, plusieurs des difficultés qui ont rapport aux circonstances extérieures du monde phénoménal disparaissent, et les problèmes du péché et de la souffrance sont plus facilement résolus.

Représentez-vous que la vie est le battement du pouls de Dieu dans le corps de l'humanité ; voyez le souffle divin qui cherche à pénétrer et à développer ce qui est physique ; représentez-vous ce souffle comme l'âme de la force, l'âme du mouvement, qui cherche toujours à s'exprimer lui-même et à devenir, dans l'être conscient, ce qu'il est dans l'esprit essentiel.

Toutes les circonstances, toutes les influences qui semblent être mauvaises et contraires au bien de n'importe quel être humain, ne le sont qu'en apparence ; la vie cachée cherche le milieu qui peut l'aider à se développer de la meilleure manière.

Le véritable métal — d'abord mélangé à la terre — cherche l'acide de la souffrance puis, s'unissant et se fusionnant avec cet acide, il est séparé de la terre et se montre dans sa véritable nature. Lorsque nous aurons mis de côté l'idée qu'un homme est puni, condamné, ou maltraités par suite de ses tendances héréditaires, ou des mauvais exemples des autres, notre vision sera moins obscurcie et nous aurons confiance dans l'absolue justice qui préside à la destinée de cet homme : « Seigneur, qui est-ce qui a péché, celui-ci ou ses parents, pour qu'il soit né aveugle ? » « Ni celui-ci ni ses parents n'ont péché, mais c'est afin que la gloire de Dieu soit manifestée en lui. » Cela ne veut pas dire que Dieu fut plus digne d'être honoré parce qu'un miracle avait été accompli, mais afin que la gloire de Dieu, manifestée par le fait que l'homme deviendrait, grâce à sa cécité et à sa guérison, ce qu'il ne serait pas devenu d'une autre manière.

Par cela nous ne prétendons pas dire que le péché et ses conséquences n'existent pas. Nous empêchons et nous retardons notre progrès par notre propre folie, mais ces péchés ne sont, après tout, que partiels et superficiels ; nous leur échapperons bientôt et nous monterons dans une atmosphère plus claire et plus pure. Ce que nous devons faire lorsque nous regardons la vie, c'est de la considérer comme un tout. Procédant de Dieu, né de Lui, le souffle Divin s'incarne, pour un temps, dans la terre ; il s'élève du non sensible au sensible ; au conscient et au Dieu conscient jusqu'à ce que, complets et parfaits, nous soyons devenu le JE SUIS !

L'homme, par conséquent, n'est en aucune façon la victime des circonstances, il est plutôt placé dans un milieu qui doit l'aider à monter.

Le véritable Ego ne pèche jamais, il ne peut pécher étant né de Dieu ; il est immaculé, parfait ; c'est seulement dans le domaine physique et psychique que ces ombres profondes existent, pour un temps, et servent de demeure à l'esprit.

Nul donc ne peut dire à son frère: « Je n'ai pas besoin de toi ; » Nous sommes un, et détruire une partie, si cela était possible, ne serait pas détruire le tout.

Aux premières étapes de la vie nous disons : « Le Royaume du

Ciel est tout près ; » mais lorsque nous sommes plus avancés dans la sagesse véritable nous pensons : « Le Royaume du ciel est au-dedans de nous. »

Efforçons-nous donc de lutter et de vaincre ces forces opposées qui cependant nous aident à avancer. Par la lutte nous deviendrons forts, et nous finirons par nous réconcilier avec ces choses même qui nous paraissent des ennemies. Luttons pour nous affranchir de notre nature physique, et que nos ailes repliées se déploient et nous emportent dans la sphère psychique, puis nous briserons cette enveloppe-là et nous nous élèverons jusqu'au spirituel.

Résumons ;
Il existe l'Un — le sans nom, l'Infini.
Il devient homme, et se manifeste dans le phénomène.

Cette manifestation devient de plus en plus complète, jusqu'à ce qu'on puisse dire qu'elle se retire même du phénomène, et, (bien que toujours consciente), retourne au sein de l'Infini.

Maintenant, chers amis, nous vous avons donné, très brièvement, quelques articles de notre foi, afin que vous puissiez mieux comprendre le point de vue où nous nous plaçons pour contempler la vie ici et au delà. Cette foi est celle de plusieurs, non pas de tous ici ; nous parlerons longuement des différences lorsque nous traiterons de la religion du Hadès et des Etats célestes ; ceci suffira pour le moment pour établir le rapport entre nous.

L'ARTICLE DE LA MORT

« *Il n'est pas ici, car il est ressuscité ! Venez voir l'endroit où il était couché.* » — « *Voici je vous annonce un mystère ; nous tous nous ne mourrons pas, mais nous serons changés..... car il faut que ce corps corruptible revête l'incorruptibilité, et que ce corps mortel revête l'immortalité.* »

Le point où votre vie rencontre la nôtre est cette expérience, ce changement que nous appelons la mort ; un changement vraiment si naturel, si simple, si universel qu'on se demande pourquoi l'humanité le redoute plus qu'aucune des souffrances que l'on peut supposer venir après. Au sens véritable, cependant, il n'y a pas de mort même pour le physique, si, par mort, nous entendons la destruction ou l'annihilation ; car ce qui arrive pour le physique c'est simplement la désaggrégation, la dissolution de la forme terrestre afin qu'elle puisse se reconstruire sous une nouvelle forme, tandis que la véritable vie échappe de sa prison.

L'élément psychique ne demeure pas dans le physique, comme un homme demeure dans une maison, ou comme un bijou est dans son écrin ; mais plutôt, il pénètre le tout, il s'insinue en lui comme le parfum se trouve dans la fleur, comme le son remplit l'espace et l'amour le cœur.

Vous le savez il n'y a dans la nature aucun changement violent, aucun développement forcé ou hâté ; par conséquent ce qui paraît être violent ne l'est réellement pas ; et ces changements qui semblent n'avoir aucun rapport avec ce qui était avant et ce qui sera après ne sont pas réellement ainsi. C'est seulement en apparence que la naissance et la mort n'ont pas de lien avec le passé ou l'avenir, et s'il en est ainsi c'est parce qu'un seul côté est visible pour vous. Vous voyez la mort de votre côté et *nous* voyons la naissance du nôtre. Lorsqu'un enfant meurt la Psyché ne s'est pas encore complètement manifestée, elle n'est pas en rapport aussi intime avec le phénomène qu'elle le sera plus tard, et elle s'en sépare très facilement mais alors elle arrive dans cette vie, ici, comme un être non parvenu à la maturité et elle a besoin de tendres soins, de bonnes directions pour parvenir à sa maturité véritable. La mort la plus naturelle est celle de l'homme, ou de la femme, qui est en pleine possession de ses pouvoirs, lorsque ces pouvoirs ont été aussi complètement développés que possible sur votre plan. Alors, quand les facultés corporelles commencent à baisser le psychique perd de sa prise sur le physique, il ne peut plus se manifester à travers le corps, et les puissances supérieures qui ne sont plus employées dorment pour un temps. Mais dans tous les cas il n'y a aucune rupture réelle à la mort, à peine celle qui se produit lorsque vous vous endormez. L'homme disparaît à votre vue et apparaît à la nôtre, comme un vaisseau qui s'enfonce au delà de votre horizon pour émerger à l'horizon d'autres terres sans qu'il monte ou descende consciemment pour ceux qui sont sur le pont.

Aussi lorsque le moment viendra pour vous, ne vous cachez pas dans votre prison de terre, par crainte d'être trouvés nus ; mais soyez prêts, et lorsque le Maître vous appellera, avancez-vous, sans peur et sans regret du corps que vous rejetterez, — et vous serez trouvés vêtus à l'image de Dieu ; car ainsi que nous avons porté l'image du terrestre, ainsi nous porterons l'image du Céleste.

LE PASSAGE

« Notre naissance n'est qu'un sommeil et qu'un oubli ;
« L'âme qui s'élève avec nous, l'étoile de notre vie,

« A eu son commencement ailleurs,
« Et vient de loin :
« Non pas dans une entière inconscience,
« Ni dans une complète nudité,
« Mais, traînant des nuages de gloire, nous allons
« A Dieu qui est notre refuge. »

Notre naissance à cette nouvelle vie diffère sur presque tous les points de notre naissance terrestre. Nous devons notre corps terrestre aux autres ; notre corps psychique à nous-mêmes. Ceci revient à dire que le degré de développement auquel nous arrivons ici dépend, en grande partie, de notre vie passée ; et l'on peut dire que nous naissons ici à l'état d'enfance ou de maturité, suivant ce qu'à été notre existence antérieure, et ce qu'est notre moi actuel. Notre corps psychique se forme au dedans du corps terrestre et pendant notre vie terrestre, mais les matériaux dont il est composé, quoique toujours matériels, sont plus fins que ce qui est terrestre, et ils peuvent se manifester extérieurement à la vision psychique. La matière d'où l'esprit de vie tire nos nouveaux corps n'est pas la vieille terre rouge, non pas l'antique Adam ; mais elle est semblable au corps de la résurrection du Maître, un corps qui ne pouvait pas voir la corruption et que le sépulcre ne pouvait pas retenir, alors même qu'il était gardé strictement.

La Psyché, donc, lorsqu'elle a quitté la demeure terrestre, apparaît immédiatement et soudainement dans celle-ci ; exactement comme vous voyez un homme sortir de sa maison ; un instant auparavant il était invisible pour vous, maintenant il est tout à fait visible. Il en est de même ici ; le corps, qui est la seule partie de l'homme visible pour vos yeux est celle qui est invisible pour nous et nous cache l'homme Quelquefois il apparaît pour un instant ici, semblable à une ombre et comme dans une vision, — puis il disparaît de nouveau pendant quelque temps. Cela se passe ainsi lorsque l'âme a de la peine à quitter le corps et s'attarde vers lui.

Lorsque le temps arrive, pour la Psyché, de quitter le plan terrestre, en laissant derrière elle son enveloppe terrestre, le lien qui l'unit au physique est brisé. Ce lien participe des deux natures, et la seule souffrance, ou lutte, qui accompagne ce passage, est lorsque l'âme n'est pas disposée à se détacher de la terre, ou a peur de le faire. Alors, dans ce cas-là, il y a un moment d'inconscience, qui dure plus ou moins longtemps selon les circonstances. Le psychique ne quitte généralement pas le corps immédiatement, mais il se retire lentement de lui, et alors seulement, le corps se décompose graduellement ; les formes inférieures de la vie s'échappent pour se réincarner dans d'autres formes : mais il doit toujours rester un certain degré de vie dans chaque atome, car sans cela il ne pourrait pas exister. Ainsi, l'esprit de l'animal va en bas et reste dans la sphère terrestre, et l'esprit de l'homme s'en va en haut et entre dans une vie supérieure.

Nous avons maintenant l'homme séparé de sa forme inférieure et prêt à entrer dans l'état intermédiaire. Et avec quel corps y arrive-t-il? Avec un corps qui ressemble beaucoup au corps terrestre, mais qui possède intérieurement des pouvoirs dépassant de beaucoup ceux du corps ancien, quoiqu'ils ne soient encore qu'à l'état latent. L'homme est encore bien loin d'être pur esprit ; il a une forme qui est semblable à celle du Maître, une forme qui a les quatre dimensions, (1) et qui ne peut pas être vue par la vision terrestre. L'ancien corps est la matrice dans laquelle le nouvel homme est formé et d'où il est arraché par les souffrances de la mort pour entrer dans sa seconde vie. Et comment apparait-il de notre côté? N'oubliez pas que nos yeux ne peuvent pas voir le physique. Ce que nous voyons du terrestre est seulement l'âme — image réfléchie dans un medium quelconque. C'est donc après ce dévoilement que le nouveau-né apparaît dans le rayon de notre vision. Il s'éveille, et se trouve dans un état qui lui paraît, au premier moment, le même que celui qui lui était habituel ; il continue — à ce qu'il croit — son ancienne vie, jusqu'à ce que, graduellement, il commence à se rendre compte du grand changement qui s'est fait, et à comprendre qu'il a passé de la mort à la vie.

LE SOMMEIL PSYCHIQUE

« *Ainsi il donne à ses bien-aimés le sommeil.* »

Et maintenant la Psyché dort pendant quelque temps, quelques heures, quelques jours ou quelques années suivant vos idées au sujet du temps. Ce « sommeil », dans le sens où nous entendons ce mot, n'est pas l'inconscience. Nous l'appelons ainsi parce qu'il ressemble à votre sommeil en ceci : que le dormeur est inconscient de ce qui l'entoure immédiatement, tandis qu'il se meut et vit, en imagination, dans d'autres temps et d'autres états. La longueur et le caractère de ce sommeil dépendent entièrement de l'état où se trouve l'homme lorsqu'il passe au-delà, c'est-à-dire de ce qu'il était dans sa vie terrestre (pourquoi ces différences existent-elles? cela sera expliqué lorsque nous traiterons du caractère psychique.) Quelles sont les expériences de l'âme pendant ce sommeil, et quelle est l'apparence et les actions du dormeur d'après ce que nous pouvons

(1) Voyez appendice sur « Dimensions. »

voir ici ? Ses expériences sont aussi nombreuses et différentes les unes des autres que les hommes diffèrent entre eux ; car il n'y a pas deux âmes semblables, et, par conséquent, il ne peut y avoir deux êtres qui fassent les mêmes expériences ; la diversité dans l'unité est la loi de notre nature. Quelques-uns revivent, pour ainsi dire, leur vie passée ; ils reprennent les fils brisés et les tissent à nouveau d'une manière plus complète. Peut-être qu'alors, pour la première fois, les fautes sont vues sous leur vrai jour ; les nuages des déceptions causées par l'amour de soi, et les transgressions volontaires, etc., s'évanouissent, et l'âme peut regarder sa vie passée avec une vision claire et nette ; et lorsque l'âme voit ainsi véritablement et connaît le bien et le mal, elle ne peut que choisir le bien et repousser le mal.

D'autres se figurent qu'ils continuent leur vie et, débutant avec leurs vieilles habitudes et leurs préjugés, ils finissent par laisser tomber graduellement le mal et sont fortifiés dans le bien.

Saint-Paul a dit : « Nous ne dormirons pas tous ; » et il y a beaucoup de vérité dans cette parole ; car, pour quelques-uns, ce moment est si court, que c'est plutôt un changement « en un clin d'œil. »

Peut-être demanderez-vous maintenant de quelle façon nous regardons ces dormeurs et quel est leur lien avec nous. Nous les regardons un peu comme vous considérez de très jeunes enfants : nous nous occupons d'eux et nous les soignons, à peu près de la même manière que vous le faites pour des enfants. Leur ignorance ne suppose nullement qu'ils soient incapables de s'adapter à leur milieu, et nous ne sommes ni surpris lorsqu'ils s'éveillent rapidement, ni impatients si l'état se prolonge, car, dans ce dernier cas, c'est seulement parce que leurs nouveaux pouvoirs ne sont pas encore ajustés à leur nouveau milieu. Ce n'est pas intentionnellement qu'ils sont induits en erreur sur leur état, car alors même que nous désirerions leur dire où ils sont et ce qu'ils sont, ils ne le comprendraient pas davantage qu'un enfant ne peut comprendre la philosophie. Puis ils ont besoin de nourriture, d'une nourriture qui soit la contre-partie de la vôtre. Il est nécessaire aussi qu'ils s'occupent d'une manière qui leur rappelle leurs anciens devoirs. En cela, comme pour d'autres choses, leur vie passée disparait doucement et graduellement, et cesse d'occuper la place proéminente qu'elle avait précédemment dans leur mentalité. La nouvelle vie se lève alors, comme un nouveau jour, devant leur vision très nette. Il se fait entendre de différentes façons, l'appel qui doit les aider à sortir de leur sommeil, les élever au-dessus de la terre, et leur apprendre à marcher dans leur nouvelle vie.

N'oubliez jamais que lorsque nous vous disons : « ceci ou cela arrive, » ou : « l'âme se développe ainsi, » nous ne posons pas une loi fixe et absolue au sujet de la manière, ou de la suite du développement, mais plutôt nous vous disons comment les choses se passent généralement dans notre cercle et d'après notre expérience. Mais de même qu'une fleur s'ouvre et s'épanouit différemment d'une autre, ainsi en est-il pour l'âme.

L'histoire suivante a été reçue à une époque antérieure, et elle est insérée ici à la demande de celui qui a dicté le livre, afin de servir d'illustration à l'expérience de la Psyché, après qu'elle a « passé » au delà.

Lorsque je m'éveillai, je me figurai être de nouveau une jeune fille. Je croyais que la dernière partie de ma vie terrestre n'avait pas été vécue, et que le souvenir que j'en avais n'était qu'un rêve ou qu'une imagination. Alors, dans une sorte de vision, (que je croyais être une réalité), je continuai ma vie depuis le temps de ma jeunesse, et à l'heure d'une grande tentation, — me souvenant de mon soi-disant rêve — je résistai. De nouveau, la scène changea, et je repris le fil de ma vie au même endroit qu'avant. Cette fois, je cédai à la tentation, mais au lieu de garder secrète la naissance de mon enfant, je l'élevai aussi bien que je le pus. Un jour je sentis tout d'un coup que j'étais morte. Oh, alors quel repos et quelle paix!

Après quelque temps, je rencontrai ma sœur et je commençai ma vie réelle ici, et cette vie m'a été rendue beaucoup plus facile par suite de cette vision que j'avais eue au premier moment.

Je vais chercher à vous expliquer notre vie ici. Dans votre monde, la volonté ne peut produire les choses qu'associée à un pouvoir quelconque. Chez nous, la volonté peut créer et crée notre entourage. Je veux dire, par là, que ce que nous désirons ardemment est évolué et complété en un instant, pourvu que notre volonté soit en harmonie avec la volonté supérieure du Divin. Si je désire une demeure, cette demeure se trouve immédiatement complète devant moi. Lorsque je rencontrai ma sœur, son désir avait été de vivre seule; sa vie, par conséquent, n'était pas aussi complète qu'elle aurait pu l'être. A cause de moi, cependant, elle renonça à errer dans la solitude, et, par notre seul désir, notre demeure fut prête; depuis lors nous avons toujours vécu ensemble. Notre vie et notre demeure ressemblent beaucoup aux vies et aux demeures de la terre, et elles garderont pendant quelque temps cette apparence; mais comme le progrès est la loi pour tous, et comme, à leur tour, ces nouveaux corps que nous avons nous paraîtront aussi grossiers que ceux de la terre, nous devrons les rejeter pour passer à des sphères supérieures. Mais, même ici, nous sommes de beaucoup en avance sur vous. Si nous désirons réellement connaître quelque chose, nous le connaissons bien vite. Si nous désirons réellement faire quelque chose pour un autre, nous voyons exactement ce qu'il faut faire, et nous le faisons. La volonté suffit, et il n'y a pas d'autre limite à son action que le point où elle pourrait faire du mal à quelqu'un. Si nous avons besoin, pour un autre, de quelque chose que nous ne possédions pas, notre désir peut le produire, exactement comme le Maître a pu produire les pains lorsqu'il éprouva un profond sentiment de pitié pour ces pauvres âmes affamées qui l'entouraient. Notre vie nous fournit tout ce qui répond à nos occupations mentales et manuelles. Nous avons l'extérieur et nous avons l'intérieur. Nous travaillons et nous nous délassons ; nous parlons et nous pensons ; nous rencontrons ceux que nous aimons et nous les quittons de nouveau ; nous faisons de nouveaux amis et nous aimons toujours plus les anciens. Il n'y a ni erreur ni échec, à moins que, comme je l'ai dit, notre propre volonté ne faiblisse. Dans ce cas le chagrin et la repentance en sont la conséquence. Nous essayons de nouveau et nous marchons dans un chemin uni où il n'y a rien pour nous faire trébucher. Depuis que je suis dans cette nouvelle demeure, j'ai connu ce que sont réellement la paix, l'amour et la joie ; ces trois biens augmentent pour moi de jour en jour.

Il ne m'est pas permis de voir, ou de savoir, grand chose des deux êtres dont l'influence sur ma vie terrestre a été si grande, mais je suis parfaitement satisfaite qu'il en soit ainsi. Je ne suis pas encore arrivée à une sphère supérieure ; il y a de bonnes raisons pour ce retard.

LE RÉVEIL DE L'AME

Avec illustrations de types divers

I. L'HOMME RICHE

« Or, il arriva que le pauvre mourut et il fut porté par les Anges dans le sein d'Abraham.
Le riche mourut aussi et fut enseveli : et étant en enfer et dans les tourments, il leva les yeux. »

Maintenant le dormeur s'éveille, c'est-à-dire qu'il devient vraiment conscient de son entourage. Il sait ce qu'il est et ce qu'il a été, et sa véritable vie psychique commence. Il entre alors dans cet état que l'on peut considérer comme étant le résultat immédiat de sa vie terrestre ; cet état dont on a parlé comme d'une punition ou d'une récompense, — termes assez justes à l'origine, mais qui ont été si dénaturés par les idées inférieures de l'homme, qu'ils sont plus trompeurs que vrais. L'homme recueille maintenant ce qu'il a semé, il entre en possession du trésor qu'il a amassé, ou bien il se trouve nu et pauvre. Les pauvres d'esprit deviennent riches, tandis que les riches pour eux seuls sont si pauvres qu'ils ne peuvent pas même se procurer de l'eau pour étancher leur soif. De quelle façon souffrent-ils ? Dans l'histoire inimitable du Maître que nous avons citée, les termes physiques sont employés pour décrire le psychique, et cela est nécessaire.

Qu'est-ce qui se passe physiquement, lorsque vous souffrez du froid ou du chaud ? Votre corps n'est pas en harmonie avec son entourage. Lorsque vous avez froid, c'est parce que la température de votre corps est plus élevée que l'air qui vous entoure, et lorsque vous souffrez de la chaleur, c'est parce que votre température est plus basse que l'air ambiant. Quand les affections de l'âme sont froides et presque éteintes, l'âme ne peut pas supporter la chaleur de l'atmosphère céleste, — pleine d'amour et de pitié — qui l'entoure; cette atmosphère est pour elle un enfer ardent. L'homme riche demandait de l'eau et il semble qu'il ne pouvait pas en obtenir; mais aussitôt qu'il commença à se souvenir et à se soucier des autres, sa soif s'apaisa peu à peu et sa souffrance diminua. « Entre nous, il y a un grand abîme. » Cet abîme n'a rien à faire avec le lieu, ou le temps ; ce n'est pas une barrière artificielle, mais simplement un grand abîme qui sépare, pour un temps, ceux qui ne sont pas un en esprit. Même sur la terre, deux êtres peuvent être intimement unis à l'extérieur, alors que leurs esprits sont aussi séparés l'un de l'autre que le ciel de l'enfer. Ainsi dans notre état, nous ne séparons pas le mal du bien, la balle du grain ; mais tous les deux croissent ensemble jusqu'au jour où le mal a péri dans la fournaise de la souffrance, et que le grain est prêt à être serré dans le grenier céleste.

II. LAZARE

Lazare, l'homme pauvre, est un bon type d'une autre classe nombreuse. Il y a beaucoup de gens qui se laissent porter sur le courant des circonstance sans lutter le moins du monde pour soumettre la nature à leur volonté. Ces gens sont généralement pauvres et se laissent opprimer par les tyrans; ils se contentent de souffrir, alors qu'ils pourraient trouver un remède pour leurs douleurs ; et leurs facultés, qui ne sont pas mal employées mais non employées, dorment, en sorte qu'ils sont faibles lorsqu'ils arrivent ici. Ceux là ont vraiment besoin d'être portés par les Anges dans le sein d'Abraham où le seul fait de l'absence de souffrance physique produit en eux, pour un temps, un sentiment de bonheur; le grand abîme les tient loin de toute activité jusqu'à ce qu'ils soient devenus un peu plus forts.

Ils sont alors réconfortés, et lorsqu'ils seront assez forts, eux aussi passeront par la fournaise qui purifie. Cependant les « Anges » n'ont à l'égard de cette classe ni mépris ni impatience, car, d'après le point de vue plus large que nous avons ici au sujet de la vie, nous comprenons qu'avec le temps beaucoup de chemins conduisent à la cité céleste.

III. L'HOMME DE CHAIR

La classe suivante comprend ceux dont les esprits sont liés à la terre, au point qu'ils sont incapables de s'arracher de leur ancien milieu. Ceux dont les passions ont été très fortes et seulement terrestres ne trouvent que peu de chose, ou même rien, dans leur nouvelle vie, qui leur soit sympathique; aussi reviennent-ils en esprit dans le monde qu'ils ont quitté pour revivre constamment leur passé C'est à cette classe qu'appartiennent la plupart des fantômes, des *revenants*. Désireux qu'ils sont de renouveler, ne fût-ce que faiblement, leurs anciennes impressions, ils attirent à eux une enveloppe physique, un corps dont ils peuvent se servir comme d'un médium pour voir, entendre et connaître leur ancienne vie. Ils ne réussissent, cependant, que partiellement à faire cela, car le lien entre le psychique et le physique n'est pas renoué véritablement, et les sensations sont sourdes et fugitives. Ce sont des êtres de cette sorte qui peuvent être secourus par les conseils qui viennent de votre côté.

IV. L'IDOLATRE

La classe suivante comprend ceux qui ont vécu correctement à l'extérieur, mais qui manquent du véritable esprit d'amour, en sorte qu'ils étaient vraiment morts tandis qu'ils paraissaient vivre. Ayant un sentiment très vif de leur propre justice, et appréciant fort peu les autres, ces pharisiens, ces idolâtres, — à quelque secte ou religion qu'ils puissent avoir appartenus, — n'ont qu'une seule idée, celle de leur bonté et de leur propre mérite. Lorsqu'ils regardent leur vie passée, cette habitude de leur esprit les empêche de reconnaître aucune de leurs fautes; et, toujours occupés de se justifier eux-mêmes, ils ne voient rien autre que leur propre réflexion dans l'étang de la mémoire. Pendant un temps très long, ils demeurent dans la vallée où le soleil de la vie ne peut pas les réchauffer par ses rayons. Ceux-là sont amenés à la véritable repentance et à la haine de leur ancien état en voyant les vies de dévouement et de sacrifice de ceux qui sont véritablement sages. Il faut de tels exemples et de pareils dévouements pour aider ces pauvres êtres troublés.

L'ÉTANG DE LA MÉMOIRE

Une lettre de quelqu'un qui a aidé ces âmes liées à la terre.
« A UN AMI. — Il m'a été montré que je dois et que je puis mourir sur la croix du sacrifice du moi et du renoncement à l'état où je suis maintenant. Cet état me semblait être la félicité suprême, une Jérusalem céleste, et dans mon ignorance je n'aurais pas cherché quelque chose de meilleur. Entre ma mort à ce qui est ancien et ma résurrection à ce qui est nouveau, il m'est permis de visiter les âmes « en prison, » et, par le pouvoir que j'ai obtenu, de libérer *une âme qui a été liée depuis quarante ans*. Y a-t-il quelqu'un qui désire se recommander à moi ? Oui, je vois quelqu'un qui, sans mon aide resterait sur le bord de l'étang, et je veux l'aider. Lorsque je serai élevé je la tirerai de la tombe et je l'amènerai à la lumière.

Je n'ai pas besoin de vous expliquer, chers amis, que les métaphores dont je me sers sont très imparfaites. L'étang dans lequel ces pauvres âmes regardent constamment ne réfléchit que les images brisées de leurs vies passées, qu'ils voient avec toutes leurs difformités et leurs misères. Ils vivent et revivent leur passé avec la conscience de ses fautes, mais ils se sentent incapables de les réparer jusqu'à ce qu'ils soient prêts à reconnaître qu'ils ont eu tort. D'un autre côté l'égoïsme ne trouve aucun aliment dans le milieu où ils se trouvent; personne sur qui déverser la force malfaisante de leur nature, nulle place pour le moi, d'aucune façon. Mais ceci est vraiment une bénédiction, parce que le mal périt en eux faute d'aliment, et dans le vide de leurs cœurs peut entrer, alors, le pouvoir de cet amour qui a toujours été au dessus d'eux, bien qu'ils ne le connussent point. Cette connaissance pénètre dans les cœurs les plus durs, et, avec le cri qui demande aide et pardon, une nouvelle âme naît au dedans d'eux et la seconde mort est passée. Les ombres de la nuit disparaissent devant les gloires du jour nouveau, une nouvelle terre et de nouveaux cieux paraissent à leur vue. Mais, oh ! quelle tristesse de voir ceux qui ne sont pas prêts pour cet éveil du souffle de l'Esprit divin, de les laisser en arrière pour des jours et même des années ! Que la volonté humaine est dure avant qu'elle ne réponde au toucher magnétique de l'amour oh ! quelle tristesse !

V. L'ENFANT

Nous avons aussi beaucoup d'âmes douces et simples qui arrivent ici après une vie de fidèle obéissance au devoir le plus élevé qu'elles aient pu comprendre; pour des âmes de cette nature la discipline est peu de chose. Une vie simple, et de simples devoirs, un *home* où elles puissent s'abriter et aider ceux qui dorment encore, une vie glorieuse, tel est leur développement graduel et paisible, dont le changement, jour après jour, est presque insensible mais continu. L'histoire de la mère qui nous a été dite précédemment illustrera mieux que tout autre chose est esprit enfantin.

L'EXPÉRIENCE D'UNE MÈRE

Lettre adressée à ses grandes filles

« MES CHÈRES FILLES, je sais que lorsque votre mère est morte vous avez pensé et espéré qu'elle était allée au ciel, mais depuis lors vous avez appris quelque chose de plus au sujet de la vie après la mort, et vous ne serez pas surprise si je vous dis que je n'ai pas même encore aperçu les portes du ciel. Cependant je suis heureuse, oui, très heureuse, ce qui n'aurait pas été le cas si ce lieu avait été ce que je m'attendais à le trouver. Au moment où je m'éveillai il me sembla être sur la terre, seulement je croyais être allée dans un nouveau pays. Je m'attendais à ce que votre père me rejoignit avec les enfants (car je vous croyais toujours petites). L'air était si doux et les gens autour de moi si bons, et je pensai : je ne dois pas être paresseuse jusqu'à ce que les autres arrivent; alors je mis à travailler, il me semblait que je cousais des vêtements. Puis un jour je pensai soudain au Dimanche, et je demandai où était l'Église. La personne à qui je m'adressai sourit et me dit doucement : c'est ici l'Église : ce monde est le temple qui n'a pas été bâti par des mains, et où nous adorons le Père ! Tandis qu'elle parlait, je sentis un tressaillement à travers tout mon être et j'entendis des centaines de voix qui disaient : Louez-le, louez le Roi éternel. Alors, en une seconde, je compris que j'étais morte et que ceux qui m'entouraient étaient des esprits ; cependant je n'avais nullement peur et j'éprouvai seulement un grand étonnement. Je m'agenouillai et je dis la prière du Seigneur, car c'était tout ce dont je pouvais me souvenir alors. Quoique, comme je l'ai dit, je susse que j'étais morte, il me semblait impossible de le croire, car tout était si différent de ce qu'on l'on m'avait enseigné à attendre.

Je dis à mon amie : « Comment se fait-il que mon corps soit ici, je pensais qu'il devait rester dans la tombe ? » Elle me répondit : « Oui, ce corps-là est dans la tombe ; celui que vous avez est un nouveau corps tout différent de l'ancien. Ne voyez-vous pas que vous êtes jeune ? Cependant, lorsque vous êtes morte, vous étiez vieille, et votre corps était presque usé ! » Alors je me souvins de la dernière partie de ma vie, et les choses me parurent encore plus étranges. « Mais, repris-je, je croyais que nous devions être comme des anges et avoir des ailes. » « Vous n'avez pas exactement des ailes, répliqua-t-elle, mais si vous désirez passer rapidement de ce lieu à un autre, vous le pourrez : Prenez ma main et essayez. » Il me sembla que nous volions et, en un moment, nous fûmes dans un lieu différent. Je vis votre père qui conduisait un vieillard par la main et qui lui parlait, mais ma langue était liée et je ne pouvais rien lui dire. Puis, nous nous envolâmes de nouveau et je fus laissée à moi-même pour essayer de rassembler mes pensées qui étaient fort confuses. Je me disais que certainement dans le ciel, — car je croyais être au ciel — on devait chanter des psaumes, et je ne pouvais pas chanter une note. Je cherchai des yeux les esprits vêtus de robes blanches, avec des harpes dans la main ; mais je ne voyais rien de tout cela, ni le grand trône blanc.

Alors une voix sembla murmurer à mon oreille : « La robe blanche est celle à laquelle vous avez travaillé ici ; elle est prête maintenant. » Le psaume que j'avais entendu était la prière de notre Père qui résonnait comme une musique à mon oreille, et le trône se trouve dans notre cœur. Alors, chers enfants, je commençai seulement à comprendre, et une paix profonde entra en moi. Mais je puis à peine vous expliquer comment je découvris une chose après l'autre, quels pouvoirs nouveaux je possédais et comme tout me paraissait merveilleux. Je continuai à dire en moi-même : « Parle, Seigneur, ton serviteur écoute », tandis que la voix murmurait continuellement et me faisait tout comprendre. Après cela, je ne travaillai pas beaucoup manuellement, car j'étais occupée à apprendre. On me dit que ma vie ayant été remplie d'un travail extérieur, accompli uniquement par les mains, je devais maintenant apprendre à penser ; et, en outre, que, m'étant uniquement occupée de ma famille, je devais vivre quelque temps avec des étrangers ; non pas que j'eusse été coupable en cela, mais parce que je n'avais développé qu'un côté de mon être. L'autre côté grandit maintenant journellement, et chaque jour j'apprends quelque chose de plus au sujet des mystères de Dieu et des mystères de notre propre vie qui sont tout aussi merveilleux. Peut-être pensez-vous que ma vie ressemble trop à une vie terrestre, il n'en est pas ainsi, mais je ne puis pas vous expliquer en quoi elle diffère. Il me semble que, sur la terre, les gens sont comme morts, comparés à ce que nous sommes. Une chose dans la vie d'ici pourrait vous paraître étrange : c'est que les meilleurs et les plus élevés vivent presque constamment avec ceux qui sont malheureux et qui souffrent, — car il y a de la souffrance ici — une terrible angoisse parfois, mais il est inutile que je vous parle de cela. Je ne suis pas encore appelée à prendre part à ce service, mais lorsque j'en serai capable, je serai prête. Votre père a souffert, et il lui a est permis d'aider les autres ; sa vie est toute active, tandis que la mienne est tranquille, et uniquement remplie par l'étude. Je n'ai encore vu aucun ange, mais seulement des êtres humains. Nous avons un culte et de la musique, mais les paroles viennent de nous : chaque fois elles jaillissent de notre cœur comme d'une source, et cependant paroles et musique s'harmonisent. Je ne suis jamais fatiguée maintenant, ni lasse de ce que j'ai à faire. Je ne sais pas si le temps est long ou court, mais je crois que j'ai été ici quelques années. Il m'a été permis de venir et de vous dire plusieurs choses, et lorsque d'autres ont écrit, j'ai toujours su ce qu'ils vous disaient. Demanderez-vous ce qu'il y a ici qui nous rend si heureux ? Nous sommes heureux parce que nous savons que Dieu nous aime et que nous L'aimons en retour, et c'est une bénédiction pour nous. Il m'enseigne, par la voix de son cher Fils, et Il vous enseignera tous, afin que lorsque vous me rejoindrez ici, vous n'ayiez pas tant à apprendre ni si longtemps à attendre avant de trouver votre nouvelle âme et d'aller plus haut. Je voudrais m'occuper de quelques-uns des petits enfants sans mère qui viennent ici, mais je n'ai pas été choisie pour ce travail.

Chers enfants, ayez soin que vos esprits et vos âmes se développent aussi bien que vos cœurs et vos corps. Chaque parole de vérité et d'amour, chaque action simple et juste est un trésor placé dans le ciel. Vivez de telle sorte que lorsque vous viendrez ici, vous ne soyiez pas pauvres et honteux, mais forts et capables d'aider les autres. Si vous êtes élevés en esprit pendant que vous vivez sur la terre, vous attirerez les autres comme le Seigneur l'a fait. Chaque pensée est une semence et chaque parole une racine d'où doit sortir une moisson de grains ou de balles. Tâchez de semer une bonne graine, afin que vous ayiez des gerbes de blé mûr à mettre aux pieds de votre Maître.

VI. — L'HOMME VÉRITABLE

La classe suivante comprend ceux qui ont mené des vies complètes et vraies sur la terre, dont les pouvoirs psychiques étaient hautement développés pendant qu'ils étaient encore incarnés ; ceux dont le monde n'était pas digne, la fleur de l'humanité et son fruit. Ils ne sont pas sans fautes, cela va sans dire, et leur développement n'est pas complet dans toutes les directions, mais cependant leur avancement est suffisant pour qu'ils soient prêts à entrer dans un nouvel ordre d'expériences. Après un court sommeil ils s'éveillent pleins de forces, et disposés à se mettre de nouveau au service de leurs semblables. Au premier moment ils usent, avec la plus grande facilité, des facultés qui étaient les plus fortes en eux lorsqu'ils étaient sur la terre. Le philosophe communique la sagesse aux simples ; le poète chante les doux chants de l'amour ; l'homme d'affaires dirige et fortifie les faibles. C'est de cette classe que viennent les sauveurs de la sphère psychique. Le cœur plein d'amour et la tête remplie de sagesse, ils sont prêts à travailler, à souffrir et à se sacrifier de toute façon, heureux d'aider leurs frères en leur apprenant à voir la beauté de leurs vies de dévouement.

VII. L'HOMME PARFAIT

Enfin, l'Être le plus élevé et le plus parfait que nous ayions jamais connu, ou pu imaginer, c'est le Maître. A d'autres époques et sous d'autres climats terrestres il se peut que deux ou trois personnes aient atteint le degré de Sa perfection; mais, pour nous, Il est le seul. Ayant passé à travers la vie terrestre sans avoir jamais manqué à aucun devoir moral, le cœur pur et simple, du commencement à la fin, cherchant toujours l'idéal le plus élevé, en lui l'humanité parfaite a été manifestée. Après un court sommeil psychique Il s'est élevé, dans la pleine possession de ses nouveaux pouvoirs et, absolument indépendant de toutes les circonstances, Il assujettit toutes les choses pour les faire concourir à l'accomplissement de ses intentions pleines d'amour, et Il s'efforce d'élever ses frères jusqu'au niveau de sa vie parfaite. Ces quelques exemples seront suffisants pour vous donner une idée de « l'éveil de l'âme, » et des premières étapes de sa nouvelle vie. L'expansion complète de l'âme viendra plus tard, gardez-vous d'interpréter nos paroles trop littéralement, et ne pensez pas que ces choses soient tout à fait tranchées. Non, elles se mélangent les unes avec les autres comme le bien et le mal sur la terre.

CONDITIONS DE LA VIE DANS LE MONDE PSYCHIQUE
LE TEMPS, L'ESPACE, LA VISION, L'OUIE, ETC.

Ce que nous avons déjà dit des dimensions nous dispense de nous répéter, et nous n'avons donc que peu de mots à ajouter sur chaque division. (1)

Vous ne devez pas oublier que nous sommes encore dans un état intermédiaire et transitoire ; que, ici-même, nous ne sommes pas ce que nous serons, étant encore limités de différentes façons et à divers degrés.

Le Temps. « Un jour est comme mille ans, et mille ans sont comme un jour devant le Seigneur. »

Dans la vie terrestre les limitations du temps sont plus grandes en ce qui touche au physique, moindre pour le mental et encore plus petite pour le côté spirituel de votre nature.

Dans la réalité stricte les moments passent l'un après l'autre, chacun contenant la même somme de mouvement et de force active dans les atomes invisibles qui constituent les molécules dont le phénomène est composé ; mais, dans la vie mentale, les pensées et la mémoire peuvent prêter à un jour la longueur d'une année, et l'angoisse mentale transforme parfois un moment en une heure. L'esprit semble être au-dessus des lois du temps — l'amour, la vérité, la justice, la pitié vont au delà du temps. Ici nous entrons dans le second de ces états qui devient notre état inférieur ; nous ne sommes pas en dehors de l'influence du temps et il nous enserre encore.

Deux personnes peuvent quitter notre monde le même jour et s'éveiller du sommeil psychique en même temps ; l'une, cependant, aura peut-être traversé l'expérience d'une vie et l'autre n'aura eu conscience du passage que de quelques jours. Le temps ne nous paraît jamais long lorsque nous vivons comme nous le devons, — et jamais il ne nous fait défaut pour achever un travail. « Alors, l'Ange, volant promptement, toucha Daniel environ le temps de l'oblation du soir. »

Ceci donne une idée de notre état ; si nous sommes appelés pour un travail quelconque, il sera fait ; mais si le devoir ne nous est pas inspiré, alors l'occasion n'est pas donnée. Ces liens du temps qui nous enserrent ne tombent pas immédiatement, mais ils sont, pour ainsi dire, relâchés et, ainsi que les autres limitations terrestres, ils disparaissent l'un après l'autre.

L'espace. — A ce que nous avons déjà dit au sujet des dimensions, il nous faut ajouter que nous allons partout où un véritable besoin et un noble désir peuvent nous conduire. Nous sommes auprès de ceux qui sont unis en esprit avec nous, et, alors même que l'on peut dire que ceux qui sont à la même étape, par rapport aux expériences et au caractère, se trouvent dans un même lieu, cependant ils

---

(1) Voyez appendice.

ne sont pas véritablement avec nous, à moins que nous ne puissions les aider d'une façon ou d'une autre. « *Lorsque tu étais sous le figuier, je t'ai vu.* »

L'ouïe, la vision, etc. — En disant les mots qui précèdent, le Maître ne se vantait pas, et cependant il ne s'agit pas ici d'un miracle. Le Maître possédant des pouvoirs psychiques exceptionnels, pouvait voir tout ce qu'il avait vraiment besoin de voir, les choses extérieures comme les secrets les plus intimes de l'âme. Nous aussi nous lisons dans nos cœurs réciproquement, lorsque le désir, ou le besoin de le faire, existe. Vous devez comprendre que, pour toutes ces choses, nos pouvoirs n'étant pas superficiels, ne peuvent être exercés que suivant le degré où l'âme les réclame réellement. Il en est de même pour le langage ; mes paroles, ou mes pensées, ne peuvent atteindre un autre que si ces paroles sont de nature à l'aider, à l'intéresser, ou si elles expriment l'amour que je ressens pour lui. Sans ces conditions, notre langage ne peut être compris et il ne ferait que frapper l'oreille comme le soupir de la brise, ou les sons inarticulés dont votre monde est plein. Vous voyez que les vieux vêtements de la tombe sont rejetés et, sous une robe blanche et lumineuse, le nouvel homme se prépare à s'élever jusqu'à un état plus beau et plus heureux.

LA PSYCHÉ

« *Je puis regarder en face l'avenir, maintenant que j'ai prouvé le passé.* »

« *Prends ceci, mon enfant, et prends soin de l'âme pour moi, et je te donnerai tes gages.* »

« *Et il la conduisit dans une auberge, et ayant pris deux sous, il les donna à l'hôtesse en lui disant: Prends soin d'elle, et ce que tu dépenseras en sus, je te le payerai lorsque je reviendrai.* »

Avant de décrire plus au long notre vie ici, il sera bon de dire quelque chose de l'homme lui-même et de la raison pour laquelle ses environnements et sa destinée sont si variés.

Pourquoi as-tu voulu que nous différions les uns des autres ? Pourquoi les uns souffrent-ils des misères du corps et des angoisses de l'âme, tandis que d'autres n'ont aucune croix à porter ? N'est-ce pas là le cri universel ? La raison en est que notre vue est courte et que nous ne pouvons contempler ici qu'une très petite partie de cette vie ; et notre égoïsme, ou notre attendrissement sur nous-mêmes, grandissent cette portion jusqu'au point de remplir non seulement notre horizon terrestre, mais encore notre horizon céleste. Si nous voulons comprendre la vie, il faut la contempler de haut. Nous devons nous représenter l'homme comme passant d'une éternité à une éternité, à travers le pont étroit du temps ; comme venant du Père invisible pour être manifesté pendant un jour fugitif, après quoi il retourne dans le sein de l'Infini. Incarné d'abord dans le phénomène le plus bas, s'élevant à travers la pierre morte, la plante vivante, l'animal et l'homme, pour disparaître enfin aux yeux des sens, et vivre dans l'esprit pur. Or, comme chaque Ego humain diffère des autres dans la vie manifestée, il lui faut une expérience spéciale, et à chacun est donné le matériel (pour ainsi dire), d'où il peut tirer la nourriture la plus appropriée à ses besoins. Quelques-uns ne peuvent croître que lorsque leurs racines se sont profondément enfoncées dans la sombre terre du péché ; d'autres ont besoin que le couteau de l'émondeur leur soit largement appliqué, tandis que pour un petit nombre, il semble qu'ils suffise de la rosée du ciel et de quelques rayons de soleil pour les faire progresser ; chacun est placé dans les circonstances qui lui sont le plus favorables.

A mesure que les âmes traversent les étapes de leur développement leur vie doit varier. D'un autre côté la différence entre la destinée d'un homme et celle d'un autre n'est pas si grande qu'elle paraît, surtout quand on considère la somme de leurs expériences. Si vos yeux pouvaient voir le cœur aussi bien que la vie, et comprendre les intimes ressorts des mobiles, si vous connaissiez complètement la force du mal héréditaire et la susceptibilité aux influences, alors le bien et le mal vous apparaîtraient dans de toutes autres proportions. Ces crimes qui vous indignent si violemment sont souvent peu de chose à nos yeux : une grande proportion de ce mal ne relève que du physique et se détachera de la Psyché à la mort, comme l'enveloppe du bouton tombe lorsque la fleur s'épanouit. La disposition qui fait le plus de mal à l'âme est cet esprit qui dit à son frère : « Suis-je ton gardien ? » mais que ce soit le péché ou la souffrance, le bien ou le mal, la joie ou la misère, tous auront la même fin, suivant qu'ils auront soigné l'âme enfant.

Je me suis servi des mots bien connus qui précèdent comme d'un entête parce qu'il semble que le Père ait dit à la nature, par rapport à l'âme : « Prends cet enfant et soigne-le pour moi, » et, en effet, la nature physique n'est-elle pas la meilleure nourrice que nous puissions avoir? Puis, lorsque nous avons atteint la maturité, nous sommes confiés aux soins de ceux qui habitent le monde psychique, et ils veillent sur nous et nous aident, jusqu'à ce que nos blessures soient toutes guéries et nos forces restaurées, afin que nous puissions commencer une nouvelle et noble vie.

Nous parlerons maintenant de l'état de l'homme après qu'il a rejeté son corps physique. Cet état dépend, nous l'avons dit, du degré de développement auquel il est arrivé.

Il est maintenant Psyché et Esprit. Son corps psychique est l'image de son corps physique ; il ne lui est pas inférieur mais supérieur ; c'est la floraison de la semence, mais la floraison de cette semence particulière et non pas d'une autre. Maintenant il doit subir des expériences variées, jusqu'à ce que, au lieu que ce soit le psychique qui domine l'esprit, ou que les deux soient également équilibrés, l'esprit devienne entièrement le maître et que la Psyché soit la servante. Alors l'homme, ayant accompli sa tâche, est prêt à partir pour le pays céleste.

Nous disons qu'au premier moment la Psyché règne suprême. La vie alors est assez semblable à la vie terrestre. La nourriture est nécessaire ; les gens vivent dans des maisons, ils travaillent et se reposent, mais cependant il y a une différence. Sur la terre vous avez besoin de nourriture et de repos à intervalles réguliers, mais ici cela n'est nécessaire que lorsque l'esprit n'est pas assez fort pour soutenir le corps. Nous savons que l'on peut jeûner dans votre monde, si la volonté est assez forte pour dominer le corps. Pour nous elle l'est toujours ; c'est-à-dire le corps n'a besoin de rafraîchissements que lorsque la foi défaille, ou qu'elle est trop faible. Graduellement et avec beaucoup de chutes et de pas en arrière, l'âme et l'esprit deviennent d'abord égaux, puis l'esprit est le maître. A la fin, l'enveloppe psychique éclate, et l'esprit s'élève libre et sans chaînes. Lorsque le Pneuma est assez fort, il va, pour quelque temps, dans sa demeure, puis il revient. Il peut alterner ainsi longtemps avant de partir définitivement. Nous croyons cependant qu'en général, un demi siècle est la limite du séjour dans le Hadès, ou l'état intermédiaire.

LA NOUVELLE VIE

Maintenant, chers amis, que nous vous avons dit quelque chose du nouveau milieu dans lequel l'âme se trouve et des nouveaux pouvoirs qu'elle possède, nous entrerons dans plus de détails au sujet de la vie qu'elle mène ici.

La majorité des hommes, sur la terre, est condamnée à un travail presque entièrement physique, qui requiert peu de facultés mentales et aucune vision spirituelle : par exemple, un homme qui passe sa journée à piquer des épingles sur un papier au moyen d'une machine ou qui casse des pierres au bord de la route. Ces occupations sont presque entièrement physiques, quoique je ne nie pas que l'esprit et l'âme ne puissent, parfois, y avoir une part. Cependant quelle différence n'y a-t-il pas entre ce travail et celui de l'ingénieur qui fait et exécute le plan de quelque immense tunnel ou pont ? La différence entre vos travaux et les nôtres est encore plus grande, quoiqu'ils ne soient pas sans rapports. Ce qui est purement physique a disparu et n'existe pas davantage, pour nous, que le mental pour le casseur de pierres. Cependant les vieilles habitudes persistent, et l'âme, nouvelle née, a autant de peine à exercer ses nouveaux pouvoirs que le garçon qui n'a encore rien appris, à manier les pinceaux d'un artiste. Ce n'est que par degrés, plus ou moins vite, suivant ce qu'a été la vie passée et ce que sont les pouvoirs actuels, que l'Etre devient capable de travailler ou d'agir avec l'âme, au lieu d'agir avec le corps. Nous ne bâtissons pas nos maisons avec nos mains, nous les construisons par nos volontés. Vos amis vous ont dit que s'ils ont besoin de quelque chose et qu'ils veuillent l'avoir, la chose se présente complète devant eux. C'est vrai, mais ce pouvoir n'est pas obtenu immédiatement, il est graduel. Pour que nous puissions accomplir notre œuvre, il faut que les désirs, la raison, les affections soient en harmonie. Représentez-vous que vous êtes ici de notre côté. Votre premier sommeil psychique a pris fin et les premières étapes de la repentance et de la foi ont été franchies. Vous voilà prêt à devenir un citoyen de la nouvelle Jérusalem.

Jusqu'à présent vos besoins ont été satisfaits par les autres. Supposons maintenant que vous vouliez vous construire une maison pour y attendre les bien-aimés qui doivent venir vous rejoindre. Si la chose est bonne pour vous, vous pourrez alors penser ce dont vous avez besoin. Au premier moment, votre pensée paraîtra brisée, incomplète, et ce qui se formera devant votre vision psychique sera fragmentaire et incongru. Alors vous le dissoudrez, vous le renverrez aux « éléments » invisibles, mais réels (pour employer une vieille expression), et vous recommencerez.

Il va sans dire que vous n'avez pas d'argent pour acheter des autres ce qu'ils peuvent posséder, mais si vous avez besoin de quelque chose, cela vous sera donné gratuitement et joyeusement, seulement vous devrez rendre autre chose en retour, — de la gratitude, de la sympathie, en un mot un don quelconque de l'âme.

La forme répulsive que revêt la décomposition dans votre monde vient de la lenteur avec laquelle la matière morte se désagrège ; mais chez nous les changements de cette sorte sont très rapides ; la vie s'échappe facilement de sa forme psychique pour ré-apparaître sous d'autres formes, nous avons donc la dissolution, mais non pas la décomposition.

Au début, vous aurez besoin de nourriture, plus ou moins fréquemment, mais à mesure que le temps passera, cette nourriture deviendra de moins en moins nécessaire, et les sens seront satisfaits d'une autre façon ; le parfum et la beauté du fruit suffiront. Cette nourriture a un rapport intime avec la vôtre, mais elle ne se compose que de végétaux, c'est-à-dire, vous absorbez la graine, ou le fruit, à mesure qu'il croit, sans changement et sans combinaison, vous pourrez cultiver vous-même ces fruits, ou les recevoir des autres, si vous êtes occupé à un autre ouvrage.

Le vêtement, ou la forme extérieure, sous laquelle vous apparaissez aux autres, croit sur vous, pour ainsi dire, et il est le résultat de votre véritable état, plus ou moins harmonieux, suivant votre développement, il est le reflet d'un esprit véritable et sérieux.

Je crois vous avoir déjà dit que le sommeil tombe sur vous à mesure que l'esprit a besoin de repos. Si vos nouveaux pouvoirs ont été trop exercés, alors une période de repos, plus ou moins longue, succédera à l'activité ; car la Psyché peut se fatiguer, comme l'esprit ou le cerveau se fatiguent sur la terre.

Voyons maintenant les occupations ; l'âme se tourne naturellement vers une occupation qui ressemble à celle à laquelle elle a été habituée, mais il n'est pas permis de faire toujours la même chose. La nature qui nous environne doit être cultivée ; et comme la sagesse ne peut s'acquérir que par l'étude et l'expérience, il est nécessaire que l'homme qui, dans sa vie passée, a cédé aux autres et s'est laissé dominer par eux, apprenne à agir par lui-même. L'homme qui a vécu entièrement séparé de la nature, enfermé dans le monde des livres ou de l'imagination, doit maintenant semer, moissonner et comprendre la beauté de la nouvelle terre sur laquelle il a passé. D'autre part, celui qui a vécu entièrement dans l'extérieur doit apprendre à se retirer en lui-même, ou à étudier la sagesse de ceux qui ont escaladé les sommets de la science avant lui.

La grande et inexprimable différence qui existe entre l'ancien et le nouvel état c'est la liberté absolue de ce dernier. Nul ne peut arrêter ou contraindre un autre d'aucune façon, et personne ne désire le faire.

Sans doute il y a des fautes et des imperfections, des erreurs et des faiblesses, mais un grand esprit d'amour et de dévouement est l'atmosphère même de ce lieu, et nul ne voudrait mettre la moindre pierre d'achoppement sur le chemin de son frère.

Et maintenant pensez-vous que cette absence de ce qui est physique fasse de notre monde quelque chose de vaporeux et de non réel? Eloignez bien vite cette idée. L'homme qui a été habitué à marcher avec des béquilles croit-il avoir échangé le réel pour le rêve lorsque, guéri et fortifié, il les jette de côté et exerce ses propres forces ?

Non en vérité, et c'est ce qui arrive pour nous ; nous sentons que des liens de fer sont tombés de nos membres, et que, pour la première fois, nous savons ce que c'est que de vivre réellement, d'une vie si pleine, si profonde et satisfaisante que le passé n'est que l'ombre d'un rêve, qui se dissipe à la lumière d'un nouveau jour.

Voyons maintenant le langage : nous ne parlons pas une autre langue que les habitants de la terre, c'est-à-dire une langue différente de celles qui existent déjà. Notre langage est, pour ainsi dire un instinct primitif. Nous imprimons nos pensées les unes sur les autres, au moyen du pouvoir de la volonté, et notre langage est limité, non pas par les mots, mais par notre propre pouvoir de sentir, et par le pouvoir de sympathie de celui qui nous écoute. Ce langage n'est que la perfection de ces pouvoirs qui existent dans tout être humain, quoique à l'état d'inconcience, et qui se sont affaiblis parce que, pendant des siècles, ils n'ont pas été employés et qu'on les a remplacés par un langage plus artificiel.

Il y a beaucoup de choses qui, comme les besoins universels du corps, ou les simples passions, peuvent être exprimées et comprises par tous, indépendamment des paroles. La joie, la crainte, le chagrin, l'amour n'ont pas besoin de paroles et peuvent s'exprimer par les yeux.

On peut même influencer, ou dominer, les pensées et les sentiments des autres sans la présence corporelle. Ainsi, ici, nous exprimons nos pensées sur les autres, d'abord d'une façon fragmentaire, comme un enfant qui apprend à parler, puis, de plus en plus complètement, à mesure que nos âmes se développent ; et l'expérience de notre nouvelle vie augmente petit à petit notre vocabulaire. Par rapport à la faculté qu'ont les autres de nous comprendre, la chose ne dépend pas de l'acquisition de mots, ni de rien qui corresponde à la puis-puissance de l'intelligence ; car un philosophe ne me comprendra pas nécessairement mieux qu'un enfant, mais le pouvoir de comprendre égale le pouvoir de la sympathie ; et par sympathie, j'entends la capacité de sentir ce que sent celui qui parle, si l'on était dans les mêmes circonstances que lui.

Ceci n'est encore que la méthode humaine naturelle : humaine, mais agrandie et rectifiée, car ce n'est pas seulement la connaissance des mots qui vous permet d'entrer dans le cœur et l'esprit de celui qui parle. Linnée agenouillé devant les œuvres glorieuses de Dieu, les mains jointes et les yeux levés en adoration, sera aux yeux de quelques-uns un véritable enfant de la nature, qui agit de la façon la plus simple ; d'autres ne verront en lui qu'un fou ou un homme ivre. « Ces hommes sont pleins de vin doux, » diront les uns, tandis que d'autres s'écrieront : « Nous entendons dans notre propre langue les œuvres merveilleuses de Dieu, » et enfin, pour bien des gens, ce ne sera « qu'un son agréable, comme si quelqu'un jouait sur un instrument. » Nous ne sommes cependant pas privés de la joie que procure la musique, mais les sons, au lieu d'être produits par les vibrations de l'atmosphère, résultent des vibrations des courants de l'âme, entendus intérieurement par ceux dont les âmes sont accordées au même diapason.

Vous demanderez, peut-être : pourquoi aurais-je besoin d'une maison, quand je serai débarrassé de mon corps matériel ? Il est vrai qu'une maison n'est pas essentielle, mais les instincts qui sont au-dessous de ce besoin, le désir d'un abri, d'un lieu sûr, d'une intimité plus grande avec quelques-uns qu'avec d'autres ; ces sentiments existent, surtout au début. Tant que la Psyché n'est pas arrivée à la perfection de la force et de la beauté, elle éprouvera parfois un sentiment de désharmonie avec son milieu, quelque chose qui ressemble à ce que nos corps ressentent en un jour froid et humide. Puis aussi, l'âme souffrante, ou timide, redoute la présence et les regards de ceux qui lui font éprouver la même impression que vous ressentez sur la terre en présence d'étrangers, ou de gens qui ne vous sont pas sympathiques. Beaucoup de sentiments de ce genre persistent lorsque l'âme est séparée du corps, et il faut un peu de temps avant qu'ils se modifient ou disparaissent. Ces craintes n'en existent pas moins, alors même qu'elles n'ont aucun fondement; car l'homme n'a changé sur aucun point essentiel; il passe simplement de plus bas au plus haut, par une lutte lente et patiente. Après quelque temps, nous nous apercevons qu'il n'y a aucune raison pour nous d'avoir peur de qui que ce soit. Nous comprenons que le pouvoir de lire les pensées d'un autre, ou d'entrer dans ses sentiments, dépend d'abord de la volonté de la personne observée, et secondement de l'intuition sympathique que possède celui qui observe. Par conséquent, je suis une énigme impénétrable pour tous, à moins que je ne désire m'ouvrir à eux ; et même si ce désir existe en moi, il faut qu'il reçoive une réponse. Il y a beaucoup d'Esprits ici que je ne connais absolument pas, uniquement parce que je ne possède pas la clef de sympathie qui pourrait ouvrir leurs portes.

Dans votre monde, vous êtes à la fois séparés des autres et exposés aux regards froids et curieux de la foule. Ici nous pouvons avoir l'union la plus profonde et la plus vraie, mais aussi nous retirer complètement en nous-mêmes, si nous le désirons.

Quant à la question de posséder des maisons, des terres ou des objets, je sais que l'on a souvent dit, de votre côté, qu'ici il ne peut pas être question de posséder quoique ce soit; que l'esprit glorifié seul existe; que tout est intangible, invisible, immortel. Ceci est une erreur qui provient, en partie, du fait que l'on confond l'état intermédiaire avec un état plus avancé; mais même à propos de cet état supérieur, il n'en est pas ainsi. Oui nous possédons des choses en dehors de nous qui peuvent revêtir une forme, exister et se dissoudre tour à tour : des maisons, des terres, des biens que ni les vers ni la rouille ne sauraient corrompre et que les voleurs ne dérobent point. Des choses qui, comme cela vous a été dit, s'évanouissent lorsqu'elles ne sont pas bien employées. Vous comprenez bien quelle est la loi véritable et intérieure qui règle la possession. Vous savez ce que signifie cette parole que les doux hériteront la terre, et que le seul fait qu'une chose vous appartient légalement ou physiquement ne fait pas que vous la possédiez réellement ; ceci est trop clair pour avoir besoin d'être illustré. Cette loi intérieure nous lie davantage ici, si possible, que chez vous. Je ne puis rien avoir, à moins que je ne m'en serve pour moi ou pour un autre, et je dois m'en servir, autrement cela me quittera, comme les pouvoirs mentaux qui, non employés, finissent par s'atrophier. Nous avons l'extérieur aussi bien que l'intérieur, mais les deux sont toujours en rapport intime. La force qui n'est pas employée pour un service élevé s'évanouit, et la beauté extérieure qui symbolise cette force disparaît de la même manière.

En essayant de vous décrire les différentes phases de notre vie, nous devons avoir soin de ne pas trop nous appesantir sur un côté spécial, et vous ne devez pas laisser un point de vue particulier envahir une trop grande partie de votre horizon mental. La vie, ici, est si pleine et si variée qu'il est impossible de vous en donner plus qu'un aperçu. Nous-mêmes nous n'en connaissons qu'une partie, et nous ne pouvons comprendre la vie des autres qu'à mesure que nous passons par les mêmes expériences qu'eux.

Il y a une raison d'être importante pour ces possessions dont nous avons parlé, c'est que nous devons en user pour garder et enseigner les souffrants et les ignorants.

Nous n'avons pas cru devoir parler en détail des souffrances qui sont subies, ici, par plusieurs et même par tous, selon les degrés et le temps, mais le silence complet sur ce sujet ne convient pas. Le gouffre qui sépare le paradis de l'enfer ne suppose pas une distance physique, — aucune barrière de ce genre n'existe. Au contraire, l'enfer et le ciel peuvent être plus près l'un de l'autre que deux personnes qui vivent dans la même maison ; aussi près que le chagrin et la joie le sont parfois dans un même cœur. Partout où la souffrance est nécessaire, — non pas comme punition pour des fautes passées, mais comme le feu qui doit consumer la rouille, — elle se trouvera. Naturellement cette douleur vient généralement au moment où nous passons ici ; et, lorsque l'angoisse de l'âme est grande, ceux qui ont déjà émergé de la fournaise peuvent beaucoup pour l'adoucir.

Dans les demeures de tous les Saints se trouvent des souffrants de cette espèce qui sont tendrement soignés, aidés et gardés pendant qu'ils doivent apprendre la dure leçon. Ces écoliers n'ont encore rejeté qu'un petit nombre de leurs anciens instincts, et ils ont besoin d'être nourris et protégés jusqu'à ce qu'ils apprennent à exercer ces nouveaux pouvoirs, qui pourront leur procurer tout ce dont ils ont besoin, exactement comme croît et s'épanouit une fleur.

En parlant des occupations et du besoin de croissance dans toutes les directions, je vous ai peut-être donné l'impression que, après tout, la vie supérieure n'est qu'une vie égoïste : une absorption complète dans le souci de son propre perfectionnement, mais il n'en est pas ainsi. Joint à cela, il y a toujours le souci de ceux qui sont moins avancés ; de ceux qui peuvent avoir grandi plus que nous d'un côté ou d'un autre, mais moins dans une certaine direction, en sorte que nous pouvons leur dire : « Voici le chemin, marchez-y. » N'oubliez pas, non plus, que nous vous décrivons seulement un état intermédiaire et que, quelque pleine que soit notre vie, elle est encore forcément incomplète et bien loin de cet idéal divin qui apparaît toujours devant notre vision.

LES ÉCOLES

Un des traits caractéristiques de la vie, ici, est ce système harmonieux de travail ou d'étude, que nous avons appelé « les Écoles ». Moi-même, j'appartiens à l'École de Giotto ; il y a les Écoles de Paul, de Zoroastre, de Howard, etc ; du moins, ces noms sont ce qui vous représentera le mieux l'idée. Les choses se passent ainsi : lorsque l'homme regarde autour de lui, et qu'il se demande quel emploi il devrait faire de ses nouveaux pouvoirs, il commence à penser aux sujets dont il n'avait aucune connaissance sur la terre. Par une loi d'attraction naturelle, il est alors attiré vers les individus qui suivaient la même voie que lui, et parmi eux se rencontrent des hommes qui ont acquis le savoir transmis depuis un lointain passé, ou qui apprennent, par une vie pratique, à s'assimiler ces connaissances.

Ainsi, notre École a débuté, il y a longtemps, par quelques élèves qui avaient été attirés par Giotto lorsqu'il est arrivé ici. Conduits et instruits, par lui ils amassèrent une provision de connaissances qui semblait être un courant de vie dans les veines de celui qui passe d'un air impur à un air pur. Il y a toujours du monde dans notre Université, car il ne manque pas de gens qui étudient le beau. Naturellement je n'ai jamais vu Giotto, car depuis longtemps il a passé plus haut ; mais l'esprit et le pouvoir de Giotto, semblables au manteau du prophète, demeurent sur ce lieu.

D'autre part, quelques-uns, pour une raison ou pour une autre, ne trouvent pas ici une demeure privée, une vie domestique qui leur convienne ; cependant, ils ne vivent pas seuls, car ce serait, dans beaucoup de cas, mauvais pour eux. Au lieu d'un foyer, ils recherchent la compagnie de ceux qui marchent dans le même chemin qu'eux ; et pendant des mois, ou des années, ils vivent et travaillent ensemble.

Je m'étais moi-même fort peu adonné à l'étude du beau sur la terre ; ce n'était, à mes yeux, qu'un passe-temps, un prétexte à la rêverie. Lorsque j'arrivai ici, j'éprouvai un grand désir de réparer cette négligence. Attiré vers ces amis, je leur dis : « Enseignez-moi ce qu'est la beauté ; que je sache reconnaître ses lignes, ses courbes ; apprenez moi à reproduire ses formes, afin de me procurer de la joie et de me permettre d'en donner aux autres. » Il y avait beaucoup d'étroitesse d'esprit et d'orgueil dans cette demande. Je pensais : « Maintenant je vais connaître la véritable loi de la beauté et je saurai si bien la comprendre que je serai un bon élève. » Un de nos guides imprima alors sur moi un regard de divine compassion : « Nous t'enseignerons », dit-il, « ou plutôt tu t'enseigneras toi-même. Quitte cette demeure et t'en va là-bas, au loin ; vis seul, ne dépendant que de l'exercice de ta force de volonté pour te procurer la nourriture et l'abri. » Je m'en allai, comprenant bien qu'il avait quelque bonne raison de me donner cet ordre. J'arrivai en un lieu qui me parut désolé et nu. Je semai, je moissonai ; je déplaçai les obstacles, j'étudiai la nature ; puis après un temps assez long, je me sentis poussé à retourner vers mon guide. « Maintenant », me dit-il, « va à la ville qui est là-bas, et demeures-y. » Dans la partie de cette ville vers laquelle je me sentis poussé, je trouvai une demeure pleine de souffrance et de choses difformes — ou tout au moins d'une nature incomplète. Mais il y avait là de l'amour, et, au milieu de leur angoisse, les êtres qui habitaient ce lieu se tendaient réciproquement un verre d'eau.

Lorsque je revins de nouveau auprès de mon ami, il me dit : « La beauté n'est pas affaire d'angles et de courbes ; ce n'est pas non plus une idée abstraite. Elle ne se produit que par la lutte de ce qui est plus bas avec ce qui est plus élevé ; ou plutôt, la beauté est dans ce qui est en haut, et elle se révèle surtout lorsque ce qui est élevé éclate dans ce qui est bas. Tu as cultivé la beauté sur la terre, et tu as vu l'amour faire sortir la beauté de la douleur ; par là, tu as beaucoup appris ; maintenant, demeure ici quelque temps et aide les autres ; après cela, tu te rendras dans de nouveaux champs de travail. »

Lorsque nous parlons « d'aller et de venir », n'oubliez pas ce que nous vous avons dit des définitions du temps et de l'espace, mais comprenez que, comme vous, nous ne pouvons pas être dans deux endroits à la fois. Cependant notre pouvoir d'aller ici ou là est beaucoup augmenté, de même que la somme de pensée et de travail qui peut être contenue dans un court espace de temps.

Mon prochain changement fut d'entrer dans ce que j'ai appelé l'Ecole de Howard, car je me sentis poussé à prendre une part active à l'œuvre d'aider et de guérir. Je fus reçu avec des expressions de satisfaction et quelqu'un me dit : « Nous avons justement besoin d'une personne qui soit à votre point de développement. Il y a, près d'ici, une demeure, où la vie qu'on y mène semble belle à quelques-uns de nous, mais répugnante à d'autres. Vous savez ce qu'est la beauté ; dites-nous si cette répulsion vient de la demeure dont nous parlons ou si elle est en nous-mêmes. »

Alors ils me firent voir, comme dans une vision, cette demeure ; je suivis, en esprit, la vie de ses habitants, et je vis que la laideur était causée par un manque de vue intérieure de la part de celui qui observait. Oui, ici nous n'osons pas essayer d'aider un autre, jusqu'à ce que nous soyions sûrs qu'il ait besoin de cette aide ; souvent nous découvrons qu'il y a une poutre dans notre propre œil, plutôt qu'un fétu dans le sien.

Je commençai alors à voir plus clairement que la connaissance n'était pas du tout une chose de l'intelligence, et je retournai chez moi, plus humble et plus sage. Il n'est pas nécessaire d'aller ici et là pour chercher du travail, nous le trouvons toujours à côté de nous, n'attendant que le moment où la lumière qui se fait dans notre esprit, nous permette d'accomplir correctement l'œuvre. En vérité, bien souvent en nous ne règne que la nuit, pendant laquelle personne ne peut travailler.

Ce que je vous ai dit à propos de nos « Ecoles », vous montrera que, bien qu'elles ressemblent, sur plusieurs points, à vos Universités, vos écoles d'art et vos associations d'hommes pour des buts semblables, cependant nous apprenons et nous travaillons de façons différentes que vous ; d'une manière qui peut sembler moins directe, mais qui est cependant plus vraie. Nous ne séparons pas l'art de la vie, la beauté de l'âme ; et nous ne séparons pas non plus la beauté, ou la vie, de l'art. L'extérieur et l'intérieur correspondent, et nous ne connaissons véritablement un art que lorsque nous l'avons traduit en action.

Il existe aussi chez nous diverses communautés qui se proposent d'autres buts: cultiver la terre, par exemple : car, quoiqu'elle soit toujours belle, ici, parce qu'elle n'est pas souillée, cependant, dans certains endroits, elle est stérile et a besoin d'être cultivée pour procurer des jouissances aux sens psychiques. Il n'est pas nécessaire que nous nous transportions dans tous ces lieux, car, au besoin, d'autres que nous peuvent nous enseigner, en faisant surgir devant nos yeux de véritables peintures, en sorte que nous pouvons suivre tout le processus, puis le mettre en action. Nous ne sommes également pas forcés de rester toujours dans la société de ceux avec lesquels nous entretenons des rapports de travail. Si cela est nécessaire, je puis entendre et voir ce qui se passe dans n'importe quelle autre sphère, et échanger des communications avec elle. Puis, aussi, nous écoutons avec délice les conversations et les résultats de l'expérience des hommes dont la nature est de donner aux autres, ceux qui, sur la terre, furent sans doute des poètes ou des prédicateurs. Lorsqu'ils nous parlent, ils peuvent voir exactement l'effet que leurs paroles produisent sur nous, et ils dirigent ou modifient leurs discours en conséquence ; nous répondons, pour ainsi dire, sans interrompre, et, par conséquent, celui qui parle se sent toujours en harmonie avec ses auditeurs.

RELATIONS D'UNE COMMUNAUTÉ AVEC L'AUTRE, GOUVERNEMENT, ETC.

Nous ne sommes pas ici des unités isolées, n'ayant que des besoins et des désirs individuels; mais plutôt nous vivons sous des gouvernements différents, qui correspondent quelque peu à vos différentes nations. Cependant, deux signes caractéristiques de vos gouvernements terrestres sont éliminés de notre sphère : toute ingérence de la part de qui que ce soit et toute mauvaise conduite volontaire. Nos méthodes ressemblent à un gouvernement patriarcal idéal. Le père, en expérience et en sagesse, conseille, protège et instruit ceux qui sont unis à lui par des liens psychiques, c'est-à-dire qui ont le même caractère et la même tendance d'âme, mais qui sont encore jeunes et faibles dans la nouvelle vie. La force, la nécessité, la tyrannie n'existent pas; on est guidé, dominé volontairement ou pas du tout. Il n'y a pas de place pour une punition quelconque. Ceux qui transgressent la loi divine, éprouvent un sentiment de séparation qui dure jusqu'à ce que les facultés de l'âme soient de nouveau adaptées à leur milieu. Le vieux mythe de la Tour de Babel est de nouveau mis en scène ; car, là où il n'y a pas harmonie d'intention, la confusion du langage se produit et on ne se comprend pas; tandis que, au contraire, lorsque tout va bien, chacun comprend, dans son propre langage, quel que soit celui qui parle.

De même que l'œil, l'oreille et le palais préfèrent certaines choses aux autres, ainsi les sens de l'âme nous attirent vers les choses et les gens qui peuvent nous procurer une joie pure ou nous aider à croître de la manière la plus saine.

Lorsque le Maître vivait sur la terre, votre monde, le nôtre et le suivant étaient ouverts devant lui plus complètement que devant qui que ce soit. Il y avait, dans sa nature, tant de choses qui répondaient aux influences célestes et si peu qui leur faisaient obstacle, que l'on peut dire qu'il vécut, à différentes périodes de la même vie, dans les trois mondes à la fois. Cette « ouverture » chez lui est clairement démontrée dans l'histoire de sa vie ; son pouvoir était si grand, que ceux qui l'entouraient y participaient eux-mêmes : ils entendaient des voix ; ils voyaient descendre des messagers divins, semblables à des oiseaux ; ils apercevaient le corps psychique à travers le corps physique. Le Maître connaissait alors assez notre vie, ici, pour promettre à ses disciples que, s'ils remplissaient certaines conditions, ils atteindraient certains plans de la conscience de l'être. S'ils obéissaient, — non pas à une personne, mais à ces principes intérieurs qui appartiennent à l'humanité, — alors ils deviendraient capables de conduire les autres. Par conséquent ceux qui gouvernent, chez nous, ne sont pas les grands de la terre, ni même des personnes qui se sont distinguées par une grande intelligence : ce sont ces hommes et ces femmes qui, quelle que soit la position qu'ils aient occupée, ont été les plus fidèles à leur propre nature, qui ont obéi à la loi intérieure, sans croire à cette conversation directe avec *des voix* qui conduit à tant d'erreurs et de déceptions. Ceux-là gouvernent, et sont comme des pères pour les faibles qui ont besoin d'être aidés ; tandis que pour qui n'en a pas besoin il y a autant de liberté que s'ils existaient seuls dans l'univers.

Nous commençons donc, généralement, comme des enfants, et, graduellement, nous arrivons à la maturité indépendante ; alors, nous devenons comme des pères, et nous passons à des mondes plus élevés, tandis que d'autres prennent nos places vacantes.

Ainsi la loi du changement est universelle : la fleur quitte une belle forme pour en revêtir une autre, ou disparaît à notre vue, pour réapparaître sous un autre aspect de beauté. La terre se transforme et s'embellit par notre labeur fidèle ; nos amis croissent en esprit, et quelquefois eux aussi s'en vont : notre travail, notre pensée changent et passent d'un ordre à un autre. Notre vie est simple et naturelle, elle a comme pouvoir moteur une volonté sanctifiée. Ni machines, ni outils, ni magasins ou greniers ; nous sommes vêtus comme les lys des champs ; nous cueillons le fruit, qui doit nous guérir, directement sur l'arbre de la vie. Pour ceux qui ne sont pas en harmonie avec cet ordre divin, ce monde paraît parfois vide, et les étangs d'eau vive sont pour eux comme des déserts de sable : mais il n'en est ainsi que tant que dure l'heure de leur tribulation, jusqu'à ce qu'ils s'abandonnent à la loi de leur être et qu'ils deviennent *un* avec toute la création. Nos joies et nos chagrins, nos épreuves et nos triomphes se cotoient, comme ils le font dans notre monde ; mais les joies sont plus grandes et les triomphes plus justes et plus purs. Nous mettons notre nature inférieure à la place qui est la sienne, — sous nos pieds ; et en la dominant, nous arrivons à la maturité de l'homme parfait, et nous partageons le trône de l'humanité parfaite ; jusqu'à ce que, nous élevant petit à petit à des hauteurs plus grandes, nous ayions notre place sur le trône du Divin.

LA RELIGION

« Je crois en un seul Dieu. »
« Je suis le fils de Dieu. »
« Je sais que mon Rédempteur vit. »

En parlant sur ce sujet, j'emploie le mot « religion » dans son sens le plus large, et j'y comprends non seulement la religion véritable et intérieure du cœur, mais aussi les formes et les croyances extérieures.

Lorsque les hommes ont passé « l'article de la mort » et que, ayant traversé les premières étapes de la vie ici, ils commencent à sortir de la confusion mentale qui est la conséquence du changement de milieu, la plupart d'entre eux doivent naturellement faire une nouvelle adaptation de leur foi religieuse. Presque tous, en effet, se trouvent dans un milieu tout autre que celui auquel ils s'étaient attendu, en conséquence il se produit un grand changement dans leur attitude mentale.

Ceci sera le cas tout spécialement, pour deux catégories d'esprits — les athées et les orthodoxes. Par orthodoxes, j'entends les personnes appartenant à n'importe quelle confession de foi, à n'importe quelle nation, mais pour qui la religion est affaire de croyance, de doctrine ; ceux aux yeux de qui la lettre de la loi est plus importante que l'esprit. Quant à l'athée, qui découvre que son individualité a survécu et a passé au delà du plan physique, il commence à penser que l'immortalité n'est peut-être pas le vain rêve qu'il s'était imaginé. L'orthodoxe ne se trouvant ni dans le ciel où il s'attendait à être (que ce ciel fut spirituel ou sensuel), ni dans l'enfer où il s'était plu à envoyer ses ennemis, se défait naturellement d'une bonne partie de ses vieilles croyances qui pour lui était affaire de mots, et il commence à saisir des principes plus spirituels.

Nous qui sommes nés dans la religion chrétienne, nous nous attendions à voir Dieu assis sur un trône blanc et le Sauveur à côté de lui ; mais vous savez que c'est une erreur. Nous n'avons pas d'autre moyen que vous n'en avez sur la terre de prouver l'existence de Dieu ; nous ne voyons pas l'Invisible, et nous ne le manions pas.

Il est impossible que nous ayions une preuve extérieure de l'existence de Dieu. Notre foi repose uniquement sur les intuitions les plus profondes de notre esprit, sur les besoins de notre être, et sur notre raison ; mais quant à une preuve tangible, nous n'en avons pas.

Qu'en sera-t-il alors, demanderez-vous, par rapport à celui que nous appelons Maître ; nos amis ne nous ont-ils pas dit qu'ils l'ont vu et que leurs esprits sont allés vers lui et l'ont adoré ? Oui, c'est vrai, mais je ne puis pas vous prouver que celui qui a produit cet effet sur moi est plus que moi-même. Plusieurs, parmi nous, nient qu'Il soit plus qu'un esprit qui se manifeste en forme d'âme comme la leur. Ils disent que tous ceux qui sont ici sont venus de la terre pendant les dernières cent années. « Tu n'as pas encore cinquante ans et comment donc te fais-tu plus vieux que nos pères ! »

Vous devez donc comprendre que tout ce qui, ici, n'est pas purement psychique (le psychique correspond à votre physique) est affaire de croyance et ne peut se prouver absolument.

Par conséquent chez nous, la croyance religieuse jaillit à peu près des mêmes sources que chez vous, avec la seule différence que, pour nous, elle ne dépend pas de ce qui nous a été enseigné, ou de ce que nous avons entendu dire aux autres. Quelle que soit la forme qu'elle puisse prendre, la religion est pour chacun de nous la conséquence réelle et sincère de son état intérieur. Je vous ai déjà dit ce que nous pensons être la vérité par rapport à Dieu et à l'homme, et tôt ou tard cette foi devient celle de la plupart de ceux qui arrivent ici, sinon de tous. Mais, au début, il y a une grande variété de croyances. Quelques uns croient que cet état — dont nous parlons comme d'un état passager et intermédiaire, — est final. Ils raisonnent ainsi : « Nous avons toujours su que l'homme possède une double nature ; que le physique n'est pas tout ; notre erreur a été de penser que sa nature supérieure est complètement développée sur la terre. Nous voyons, qu'ici, ces pouvoirs supérieurs se déploient librement, et cet état nous semble l'état final. Consacrons donc ces pouvoirs à l'humanité, et faisons tout ce qui est en notre pouvoir pour aider nos frères et pour profiter le mieux possible de ce merveilleux et nouveau monde. »

Les gens qui parlent ainsi mènent souvent de nobles vies de sacrifice et de dévouement, car ils travaillent avec l'énergie de ceux qui pensent que le jour est court et que la nuit est proche.

D'autres, dont les natures sont plus ouvertes au côté spirituel des choses, mais qui sont encore entravés dans leurs vêtements d'injustice et d'égoïsme, croient que seuls ceux qui ont la foi entreront dans les sphères célestes.

Il y en a qui regardent en arrière plutôt qu'en avant, et ils croient qu'ils seront réincarnés sur la terre d'où ils viennent ; ceux-là recherchent plutôt leur propre perfection que l'union avec le grand courant de vie qui relie les uns aux autres et tous à ce qui est le plus élevé.

Le culte de la nature suffit aux uns, tandis que d'autres trouvent tout ce dont ils ont besoin dans la concentration de leurs facultés sur leur vie et leur travail ; et il y en a qui, arrivant ici le cœur plein de foi en un Dieu personnel — un sauveur spécial pour les élus, — souffrent d'une extrême angoisse d'esprit et crient. « Ils ont pris mon Seigneur et je ne sais où ils l'ont mis ! » Mais cette angoisse est la fournaise où doit se consumer tout égoïsme ; et ainsi, par des chemins divers, nous sommes amenés à la véritable unité de pensée, de vie et de l'être essentiel. Qu'un homme ait telle ou telle idée religieuse, ou qu'il n'en ait pas du tout importe peu, car nous croyons que, par la suite, tous connaîtront la joie que quelques-uns seulement possèdent aujourd'hui. L'apôtre Jacques avait raison lorsqu'il définissait la raison comme la sainteté personnelle et l'amour qui se sacrifie. Dans cette vie-ci la loi de notre être est, d'abord, que nous nous repentions de nos erreurs du passé et du présent, que nous regrettions de ne pas avoir atteint notre idéal le plus élevé, quel qu'il soit, puis que nous cherchions à vivre, non pas pour nous-mêmes, mais pour nos frères.

LE MARIAGE

Nous avons dit que, quelques-uns ne se soucient pas d'une compagne pour leur vie privée. Cela vient peut-être de ce que les habitudes d'esprit et le caractère avec lesquels ils sont arrivés ici, sont opposés à cette union, mais, néanmoins, il est nécessaire d'avoir une préférence en fait de compagnie, une affinité pour l'un ou pour l'autre, et, dans presque tous les cas, une intimité spéciale est désirable pour le complet développement de l'être. Ceci est spécialement le cas pour les nations modernes et occidentales. Une telle intimité est chose bénie ; c'est le véritable mariage, dont le mariage terrestre n'est qu'une ombre. Mais il y a un point où la différence est grande. Ce mariage n'est pas nécessairement entre ceux qui, sur la terre, étaient de sexes différents. Le corps a été rejeté et la psyché ne sait pas ce qui est mâle ou femelle. Tous sont unis dans la grande Tête, la Tête de toute la famille humaine, l'Homme parfait. Les deux types de caractère qui, sur la terre, sont généralement masculin et féminin, sont ceux qui s'accordent le mieux en esprit ; par conséquent il n'y a rien d'étrange à ce qu'une union véritable, sur la terre, se continue ici, bien que cela ne soit pas toujours le cas. La grande puissance de vue intérieure, qui nous permet de pénétrer ce qui est l'être réel de chacun, empêche les erreurs ; et, l'affection étant unie à la raison, il ne peut y avoir ni discorde ni désappointement. Il arrive cependant quelquefois que nous voyons des êtres se développer dans des sens si différents qu'ils finissent par se séparer les uns des autres, mais sans aucune amertume. Les unions sont toutes faites d'accord et de sympathie. Chacun peut se communiquer complétement à l'autre, lui faire entendre ce qu'il entend lui-même et voir les mêmes visions qu'il voit. Ce qui constitue le bien c'est un pouvoir plus grand de donner et de recevoir.

« JE VIS LA SAINTE CITÉ, LA NOUVELLE JÉRUSALEM »

Peut-être avez-vous l'impression que la description que nous vous avons faite de notre vie constitue un étrange mélange de naturel et de spirituel ; nous avons parlé de maisons, de terres, de vêtement, de nourriture, de livres ; et d'un autre côté, nous avons parlé du pouvoir de la volonté, comme étant le grand agent créateur, et des impressions de l'âme plutôt que de sens corporels.

Mais après tout, cette impression, si vous l'avez, est assez juste, car notre vie ici est un mélange de ce qui est ancien et de ce qui est nouveau, du passé et du présent ; ni complétement spirituels, ni tout à fait terrestres, nous participons des deux natures. On peut comparer cet état à celui d'une jeune fille qui, entre l'enfance et l'âge de la maturité féminine, est tour à tour enfant ou femme ; ou à la mouche-dragon qui, sortant de sa case, apparaît sans ailes, parce que celles-ci sont repliées, et, pendant un laps de temps proportionné à sa courte vie, semble plutôt ramper sur ses ailes repliées que de les ouvrir pour s'envoler.

Ici nos plaisirs et nos devoirs ne sont jamais séparés, comme ils le sont quelquefois sur la terre. Il n'existe rien en fait de plaisir qui soit désassocié du travail, de la croissance ou du devoir ; et, de même, la beauté n'est jamais séparée de la véritable vie et le chagrin, ou la souffrance, ne peut exister sans purifier ou élever l'âme. Jamais de fatigue provenant de l'ennui ou d'un esprit vide ; la véritable fatigue du corps ne vient que de l'imperfection de l'âme, qui grandit et qui n'est pas assez forte pour supporter la tension que lui fait subir son Seigneur, l'Esprit.

Dans votre monde, vous avez la vie virile et physique à toutes les étapes de son développement, et sous toutes les formes possibles ; le rocher, la fleur, l'animal et l'homme. Vous avez aussi la vie mentale à toutes ses étapes, depuis l'instinct animal le plus simple jusqu'au cerveau humain le plus complexe. De même, dans notre monde, nous avons la vie psychique à tous les degrés ; cette vie que l'on peut dire extérieure et visible pour nos sens psychiques. Nous avons aussi la vie spirituelle, invisible, sauf dans ses résultats, lorsqu'elle se manifeste à travers le psychique.

Ainsi nous voyons des arbres, des pierres, des animaux et des hommes ; la même sorte de vie circule en eux, mais pas au même degré d'intensité Comment ce monde vous apparaîtrait-il si vous pouviez y entrer avec votre corps actuel ? La vieille similitude du poisson et de l'oiseau serait vraie. Le poisson qui voit, respire et vole à travers l'eau ne pourrait pas changer avec l'oiseau ; l'air serait trop vif pour lui, et ses pouvoirs, si parfaits en eux-mêmes, ne pourraient pas s'adapter à son nouveau milieu.

Vous êtes le poisson et nous sommes l'oiseau. Vous trouveriez notre air trop vif pour vous et nous trouverions le vôtre trop lourd pour nous. Nous ne pouvons entrer dans votre monde autrement que par le moyen de sa forme-âme réfléchie, mais véritable ; nous voyons la réflexion des peintures des choses terrestres en vous, comme, pour vous, les choses sont réfléchies par l'œil et s'impriment sur lui.

Représentez-vous, cependant, que vous êtes ici et que, aidés par ce que nous avons dit, vous essayiez « de voir » le nouveau monde. Je crois que votre première impression serait la surprise ; vous seriez étonné de le trouver aussi semblable au vôtre. La première chose qui vous frapperait serait la ressemblance ; vous verriez des villes, des pays, la mer et l'herbe ; des fleurs et des fruits, des hommes et des femmes, la vie et le mouvement. Mais bientôt les différences apparaîtraient. Pas de saleté, pas de misère, point de visages exprimant le trouble, la souffrance ou la fatigue, aucune trace de vice. Peut-être verriez-vous des visages calmes et sérieux, aussi bien que d'autres rayonnants et heureux. Vous apercevriez, de tous côtés, des gens occupés de travaux divers, mais rien de ce qui ressemblerait ou fouet du maître. Il peut y avoir des signes de fatigue, mais nulle impatience et jamais de désespoir.

La seconde chose qui vous frapperait, serait l'intimité dans laquelle vous vous trouveriez avec toutes les formes de la nature autour de vous, et votre pouvoir sur tout ce que nous considérons comme inférieur : pouvoir s'exerçant pour votre propre bien, mais jamais pour faire du mal. Par exemple, l'air que vous respirez n'est plus empoisonné pour votre frère qui le respire après vous ; l'herbe sur laquelle vous marchez n'est pas foulée ni salie pour les pieds qui vous suivent ; les fleurs que vous cueillez ne laissent pas de tiges saignantes qui vont se flétrir et attrister la vue.

La mer ne séparera plus, et ne sera pas un instrument de mort, mais plutôt une amie à laquelle vous pourrez vous confier. La montagne ne sera plus une barrière dangereuse à gravir, mais un moyen d'étendre votre vision, au loin, sur de nouveaux pays. Toutes choses seront « très bonnes » pour vous, si vous laissez la nature agir sans entraves, et si vous vivez d'accord avec ses simples lois.

Lorsque vous entendrez de la musique, aussitôt une mélodie répondra dans votre cœur. En vain chercherez-vous à voir l'instrument d'où elle sort, car l'artiste au lieu de jouer sur des cordes fera vibrer votre être intérieur, qui répondra complètement à son toucher.

Puis, encore, il y a une grande différence dans la manière dont vous parlerez avec ceux que vous rencontrerez. D'abord, vous serez porté à employer le langage auquel vous êtes habitué, ou du moins vous semblerez le faire, ainsi que dans un rêve. Comme vous serez compris et que l'on vous répondra, il vous semblera que votre interlocuteur parle le même langage; mais bientôt vous comprendrez que ce n'est pas le langage extérieur qu'il a compris et auquel il a répondu, mais que vous lui avez fait sentir ce que vous vouliez dire et, en retour, il imprimera ses pensées sur vous.

C'est ainsi que, de mille façons, vous arriverez à vous rendre compte que ce qui est ancien est passé et que toutes choses sont faites nouvelles.

« Et ainsi l'âme, libérée des liens terrestres, s'envole de sa prison pour atteindre sa véritable demeure. Sur la terre elle était empêchée, incomplète, muette, presque aveugle. Elle luttait contre la chair et le péché, s'efforçant et rampant sur un chemin obscur.

Toujours cette éternelle question sortait de ses lèvres, sans jamais recevoir de réponse « Pourquoi? » jusqu'à ce que l'Ange vienne, ses ailes déployées; l'obscurité au-dessous de lui, mais la lumière au-dessus; cet ange qui, semblable à Janus aux deux faces, tourne un visage du côté du passé, et un autre en avant vers la vie à venir; messager de l'Invisible, que tous redoutent, que vous nommez la mort et que nous appelons la vie. »

Lorsque nous parlons de croissance, d'enfance et de maturité, il va sans dire que nous ne faisons pas allusion à des jours ou des années.

La psyché ne grandit que par les chemins de l'âme; elle se développe en esprit; c'est-à-dire l'âme acquiert un pouvoir toujours plus grand de manifester une vie plus pleine et plus variée. La croissance ne se produit pas toujours au même degré d'intensité; quelquefois l'âme semble rester stationnaire, ou même reculer; mais pour parler d'une façon générale, le progrès est la loi de la nouvelle nature, comme de la nature ancienne. Il n'y a pas, ici, ce déclin des facultés et de la force qui se produit chez vous dans la vieillesse. Lorsque l'âme a atteint son plus haut point de perfection, lorsqu'elle est véritablement mûre, elle est prête pour revêtir une autre forme de vie et s'envole vers des régions plus élevées.

Le temps de ce départ n'est, en aucune façon, fixé par notre propre volonté, ou le sentiment que nous avons d'être prêt.

En général, nous sentons lorsque notre heure est proche ; un pouvoir plus grand que le nôtre, qui est à la fois au-dessus de nous et en nous, nous contraint doucement de partir. Le corps, qui est alors le nôtre, se dissout, disparaît et est rendu à la sphère d'où il a été tiré, comme vos corps (quoique beaucoup moins vite) retournent à la terre d'où ils viennent. Sans souffrance et d'une façon toute naturelle la toile tombe ; la vieille terre et le ciel ancien s'évanouissent, et les nouveaux cieux nous apparaissent dans toute leur beauté spirituelle.

Ainsi nous ne laissons derrière nous aucun cadavre qui se putréfie, et risque de faire du mal autour de lui, mais notre corps s'évanouit et disparaît de la vue comme un nuage. Tout ce qui était psychique reste dans la sphère psychique, et nos esprits entrent dans le troisième état, qui a été appelé final, uniquement parce que nous ne savons rien de ce qui est au-delà.

HARMONIE DE LA NATURE

L'enseignement que vous avez déjà reçu sur l'harmonie de la nature trouvera sa place ici.

Le mot « nature » est employé dans le sens de vie extérieure ou physique. Etre un avec la nature signifie que la nature nous communique tout ce qu'elle possède dont nous pouvons avoir besoin, et que vous, en retour, vous lui donnez ces soins, cette attention et cette culture qu'elle réclame de votre forme plus élevée de vie manifestée.

Entre vous et la nourriture que la nature vous fournit, la relation n'est pas suffisamment intime pour que, lorsque vous plantez, vous ayiez la certitude de recueillir. Non, toutes sortes d'influences contraires peuvent venir et vous empêcher de recueillir une moisson complète. Dans plusieurs directions, il règne une certaine discorde entre vous et la nature. Vous ne pouvez pas, vous n'osez pas vous fier complètement à l'eau, de crainte de vous noyer ; l'air ne vous soutiendrait pas si vous essayiez de voler ; l'éclair qui devrait augmenter les forces électriques de votre corps peut subitement en retirer le principe vital. Vous avez peur des hauteurs et des profondeurs. En face des espaces effrayants du firmament et du cours infini de l'éternité, vous vous sentez comme l'insecte qui vit un jour. Mais lorsque la rédemption du corps de la vie manifestée sera complète, alors le lien entre vous et la nature deviendra si parfait que vous n'aurez qu'à demander pour recevoir, qu'à chercher pour trouver, qu'à frapper pour qu'il vous soit ouvert. Aussi loin que, dans son sens le plus large, cette nature peut atteindre, tout sera à vous, tandis que, de votre côté, il y aura connaissance parfaite et le pouvoir de manier ces forces, de telle façon que vous donnerez à la nature l'équivalent de ce qu'elle vous prêtera.

La même discorde règne, plus ou moins, dans votre propre nature ; chaque partie de cette nature ne devrait avoir besoin que de ce que l'autre peut donner, et cela devrait être communiqué pleinement et librement. Chaque partie devrait être balancée par l'autre. La chair ne doit pas lutter contre l'esprit, mais doit lui donner tout ce dont il a besoin — c'est-à-dire le pouvoir de se manifester extérieurement, et l'esprit ne doit pas se battre contre la chair pour l'annihiler, mais lui communiquer ce souffle purifiant et élevant, qui la transformera en quelque chose de divin.

Tous les pouvoirs latents de l'homme total, même ces aspirations inexprimables de l'esprit, trouveront, petit à petit, une expression complète ; et, sans crainte comme sans chute, tout deviendra UN. Alors seulement Dieu sera tout en tout.

DEUXIÈME PARTIE

LE PNEUMA

INTRODUCTION

« Et je fus ravi jusqu'au troisième ciel, et j'entendis des paroles ineffables, qu'il n'est pas possible à l'homme d'exprimer. »

C'est avec une certaine hésitation, chers amis, que nous entrons dans la seconde partie de nos communications. Car si nous avons eu quelque peine à trouver des paroles pour vous transmettre des peintures à peu près exactes de notre vie ici, il nous sera bien plus difficile de vous exprimer les enseignements que nous recevons de ceux avec lesquels nous n'avons aucun langage en commun.

Nous ne savons donc pas jusqu'à quel point nous pourrons réussir.

Il y a une grande analogie dans la façon dont notre Bible commence et se termine ; et si je parle de ce livre, ce n'est pas seulement parce qu'il est si bien connu de vous et de nous, mais parce que, de tous les livres religieux — dont plusieurs sont aussi véritablement inspirés que les nôtres — la Bible est celui qui répond le mieux à notre tournure d'esprit.

La Bible commence par l'histoire de l'homme physique, alors que sa nature supérieure dort encore au dedans de lui, et n'est point manifestée. C'est là que nous voyons ces pouvoirs que l'homme possède en commun avec l'animal, arrivés à leur plus haut point de développement : le courage, la patience et la lutte sauvage pour lui et sa famille, tandis que sa longévité était due, en partie, à la suprématie de l'être physique. Le début de la Bible parle aussi du développement de ces pouvoirs intellectuels (comme distincts du moral), manifestés dans les travaux et les inventions de cette vieille race.

Dans le dernier livre, nous avons la véritable histoire de la Psyché. Éloignez de vous l'idée que la Révélation de saint Jean se rapporte seulement à des évènements futurs ; qu'elle n'est pas autre chose qu'une prophétie, dans le sens de prédire des choses qui doivent arriver. C'est bien plutôt l'histoire intérieure de l'Ego humain, dans ses second et troisième états, c'est-à-dire comme âme et esprit, au sens où nous avons si souvent employé ces mots.

C'est une peinture merveilleuse de la vie, de la vôtre, de la mienne, de celle de tous, dans un état ou dans l'autre. Le livre commence seulement après l'introduction, qui comprend les messages aux Églises, et, pour les comprendre, vous ne devez pas perdre de vue les considérations suivantes. Si elles sont bien claires, tout le livre vous deviendra intelligible, et vous entrerez mieux dans l'esprit de la vie que nous allons vous décrire.

N'oubliez pas que vous avez dans ce livre l'homme *parfait* et l'homme *imparfait*, dont l'histoire se poursuit parallèlement. L'homme parfait est représenté de différentes manières et sous des noms différents ; chaque nom a sa signification profonde et montre différents côtés d'un caractère parfait. Bien que tous ces noms soient supposés se rapporter au Christ que Jean avait connu — et qu'ils soient vrais si on les applique à lui, — cependant il ne faut pas les limiter de cette façon, car ils ont en vue le type ; cet être parfait qui a été de toute éternité et qui sera éternellement, en sorte qu'on peut bien lui appliquer le terme de *Premier* et *Dernier*.

Nous sommes encore nous-mêmes bien peu avancés sur le chemin qui conduit à la manifestation parfaite, mais nous procédons de CELUI qui est COMPLET, et nous retournerons à Lui ! S'Il possède toute la sagesse — les sept esprits de Dieu — c'est seulement comme chef de la race ; cette sagesse est le droit de naissance de tous, et leur appartiendra lorsque le temps marqué sera venu.

Nous avons donc, dans ce livre, l'âme humaine à tous les degrés de son développement, mise en regard d'un Être qui a subi cette discipline et qui en est sorti comme l'homme parfait et le Fils bien-aimé de Dieu.

L'âme commence généralement son histoire consciente de cette façon. Si l'homme croit en Dieu, il le voit comme un Être doué d'un pouvoir infini, qui vit à part de sa création, sur un trône, et dont les attributs sont représentés par le tonnerre et l'éclair, tandis que toute la nature s'incline devant lui avec une vénération passive.

C'est l'époque où le courage, le pouvoir et toutes les qualités physiques sont son idéal.

Et voici, un trône était dressé dans le ciel, et quelqu'un était assis sur ce trône... Et il sortait du trône des éclairs, des tonnerres et des voix : « Et vingt-quatre vieillards et quatre animaux vivants étaient autour du trône; et ils ne cessaient jour et nuit de dire : Saint, saint, saint est le Seigneur Dieu tout puissant, qui était, qui est et qui sera. — Seigneur, tu es digne de recevoir la gloire, l'honneur et la puissance; car tu as créé toutes choses, et c'est par ta volonté qu'elles subsistent, et qu'elles ont été créées. Apoc. 2-11.

L'étape suivante de la vie de l'homme sera peut-être celle-ci :

Il commence à sentir peser sur lui le mystère effrayant de son être, la vie est pour lui un livre fermé ; l'éternel « Pourquoi » commence à s'élever au dedans de lui, et, en même temps, il se sent incapable et indigne d'ouvrir le livre.

Alors il est heureux, s'il apprend à croire qu'il existe quelqu'un qui a le pouvoir et la volonté de lui révéler ces mystères. Quelqu'un qui n'est pas un Être à part de lui-même, quoiqu'il soit plus avancé sur le chemin de l'expérience ; quelqu'un qui est à la fois le lion et l'agneau ; qui unit toute la force du divin à la beauté du sacrifice de soi.

Et je vis un livre scellé de sept sceaux... Et il n'y avait personne, ni dans le ciel, ni sur la terre, ni sous la terre, qui pût ouvrir le livre, ni regarder dedans... Je regardai donc et je vis au milieu du trône un agneau qui était là comme immolé... Et il s'avança et prit le livre de la main droite, de celui qui était assis sur le trône. Apoc. V, 1-7.

Ce véritable homme parfait brise le premier sceau, et l'âme prend conscience de ses nouveaux pouvoirs. Fort dans la foi en la grandeur de l'humanité, l'homme part, en conquérant et pour conquérir.

Lorsque l'Agneau ouvrit un des sceaux, je vis un cheval blanc, et celui qui était monté dessus avait un arc, et on lui donna une couronne, et il partit en vainqueur pour remporter la victoire. Chap. VI, 1-2.

Un second sceau est brisé ; son expérience s'étend ; cette fois, ce n'est pas la marche triomphante du conquérant, mais plutôt le cri de la défaite, lorsqu'il apprend, par la lutte et les revers, par les blessures du péché et la perte de sa propre estime, comment conquérir d'une façon plus réelle.

Et lorsque l'Agneau eut ouvert le second sceau, il sortit un autre cheval qui était roux ; et celui qui le montait reçut le pouvoir de bannir la paix de la terre. Apoc. VI, 3-4.

Un troisième sceau est brisé ; il apprend qu'il n'y a aucune distinction entre le terrestre et le céleste ; le blé et le vin sont aussi sacrés que les paroles de l'ange, ou que le son des trompettes célestes ; il découvre quelque chose sur l'unité de la vie.

Quand l'Agneau eut ouvert le troisième sceau, je regardai et il parut un cheval noir ; et celui qui était monté dessus avait une balance à la main. Et j'entendis une voix qui disait : la mesure de froment vaudra un denier, et les trois mesures d'orge vaudront un denier, mais ne gâte point ni l'huile ni le vin. Chap. VI, 5-6.

Le quatrième sceau brisé nous montre comment, par la perte de ce qui peut lui avoir été aussi cher que la vie, il est conduit sur un plan de conscience plus élevé, le plan du sacrifice de soi.

Quand l'Agneau eut ouvert le quatrième sceau, je regardai et je vis paraître un cheval de couleur pâle ; et celui qui était monté dessus se nommait la Mort, et l'Enfer le suivait ; et le pouvoir leur fut donné sur la quatrième partie de la terre, pour faire mourir les hommes par l'épée, par la famine, par la mortalité et par les bêtes sauvages de la terre. Chap. VI, 7-8.

Le cinquième sceau nous montre l'homme dans cette phase d'expérience où il sent la pression du sentiment de l'injustice, parce que le juste semble souffrir et le méchant prospérer. « Combien de temps Seigneur avant que tu ne venges tes saints ? »

Quand l'Agneau eut ouvert le cinquième sceau, je vis dans l'autel les âmes de ceux qui avaient été mis à mort pour la parole de Dieu ; et elles criaient à haute voix et disaient : jusqu'à quand, Seigneur, ne jugeras-tu point et ne vengeras-tu point notre sang ? Et on leur dit de demeurer encore un peu de temps en repos. Chap. VI, 9-11.

Le sixième sceau montre la terreur que l'âme a de la mort et de ce qui vient après.

Lorsque l'Agneau eut ouvert le sixième sceau, il se fit un grand tremblement de terre ; le soleil devint noir et la lune devint comme du sang ; les étoiles du ciel tombèrent et le ciel se retira et toutes les montagnes et toutes les îles furent ébranlées de leurs places. Et tous les hommes se cachèrent dans les cavernes et dans les rochers des montagnes ; et ils disaient : tombez sur nous et cachez-nous de devant la face de Celui qui est assis sur le trône et de devant la colère de l'Agneau. Car le grand jour de sa colère est venu, et qui pourra subsister ? Chap. VI, 12-17.

Et ainsi, il est conduit jusqu'à ce que — après la rupture du septième sceau, le silence règne dans le ciel ; c'est-à-dire son esprit est calme et en équilibre sur les grandes vérités fondamentales, et il peut attendre la joie ou la douleur, la lutte ou la paix, avec cette foi sûre et ferme qui lui dit que tout est bien, bien pour toujours et pour tous.

Quand l'Agneau eut ouvert le septième sceau il se fit un silence dans le ciel d'environ une demi-heure. Chap. VIII, 1.

Les septièmes trompettes transportent cette histoire de l'homme sur un plan plus spirituel ; comme un artiste qui devient un sculpteur, il a appris beaucoup de choses qui l'aideront, mais il faut qu'il applique son savoir de différentes manières, car les batailles de l'âme ne se livrent pas une fois pour toutes, mais doivent être recommencées à nouveau sur différents champs de bataille et avec de nouvelles armes. Car n'est-il pas vrai que, dans nos vies, les vieux doutes et les vieilles difficultés que nous croyions surmontées, se dressent à chaque instant avec une force nouvelle et doivent être vaincus dans le nouvel esprit qui est né au dedans de nous ?

Les sept coupes montrent l'histoire de ceux qui ont plus de difficultés, plus de désharmonie apparente à vaincre ; qui sont conduits à travers le feu plutôt que dans les vertes vallées. Cependant tous chanteront, à la fin, le même chant de victoire triomphant sur ce qui a été en désaccord avec leur nature divine ; la victoire de la vie sur la mort, de la sainteté sur le péché ; la dissolution de tout ce qui n'est pas vraiment spirituel, et la manifestation du nouvel homme sous un nouveau nom.

La vision du trône est maintenant celle du trône de Dieu et de l'Agneau ; c'est-à-dire Dieu et l'homme devenus UN pour toujours.

Telle est, chers amis, votre histoire et la nôtre ; elle peut être vécue sur votre plan, ou sur le nôtre ; mais c'est toujours, à peu près, l'expérience de l'âme avant qu'elle entre dans la troisième vie dont nous essayerons maintenant de vous dire quelque chose.

LA TRANSITION

Nous avons déjà parlé plusieurs fois de nos communications avec la vie au-delà de la nôtre, et de nos visites à ce pays meilleur. Ces visites ne se font qu'en visions, et les communications sont difficiles. Nous n'entrons véritablement dans l'état suivant que lorsque nous laissons derrière nous, pour toujours, le monde psychique. Nos corps psychiques ne sont pas plus appropriés pour vivre là que nos corps physiques ne le sont pour ce monde-ci. Lorsque nous sommes « allés » (comme nous le disons), cela a été afin que nos esprits fussent fortifiés, ou éclairés, d'une façon qui n'était pas possible ici, ou afin que nous pussions avoir une vue intérieure de quelque devoir que nous n'aurions pas pu comprendre autrement. Nous voyons « dans un verre obscurément », et non pas « face à face ».

Maintenant, que se passe-t-il lorsque le temps vient, pour nous, de partir ? Notre forme psychique se dissout, s'évanouit, est repliée, dissipée dans la sphère d'où elle a été tirée, laissant notre esprit libre de passer au-delà dans un air plus pur, plus raréfié et qui lui convient mieux. Il n'y a ni souffrance, ni lutte dans une dissolution semblable, aucune rupture de l'état conscient. Les amis que nous laissons nous disent adieu pour un temps, mais nous, nous n'avons pas besoin de leur dire adieu, car nous les verrons et nous les connaîtrons encore plus intimement qu'avant. Leurs yeux peuvent ne pas nous apercevoir, mais notre vision plus claire embrassera le passé aussi bien que le présent, l'ancien comme le nouveau.

(Tout ce que nous vous disons ici nous a été communiqué par nos amis-esprits).

L'homme est maintenant pneuma, ou esprit; non pas cette essence pure, invisible, immortelle dont nous avons parlé, mais quelque chose qui s'en approche davantage. L'homme réel et véritable — dernier mystère, le plus profond de tous — est encore caché.

Il ne faut pas entendre par là, qu'après avoir enlevé deux vêtements — le physique et le psychique — l'homme reste non vêtu; mais plutôt qu'il se manifeste de trois manières, à différentes époques et à divers degrés: en corps, en âme et en esprit. Les corps physique et psychique ont été rejetés et abandonnés dans les sphères auxquelles ils appartenaient.

L'homme a maintenant un corps spirituel, quoique cependant le véritable homme ait été complet dans tous les autres, mais le corps du corps, et le corps de l'âme sont partis pour toujours et l'homme est maintenant revêtu du corps de l'esprit.

LA VIE SUPÉRIEURE

Sur la terre les arcs brisés,
Dans le ciel un cercle parfait.

Avant d'essayer de décrire le corps-esprit et ses fonctions, il sera bon de parler de la nouvelle sphère dans laquelle l'homme se manifeste maintenant. Cette sphère n'est pas unique et simple comme la sphère intermédiaire, mais ce sont sept sphères intimement unies entre elles.

Un diagramme rendra la chose plus claire. Les trois sphères centrales sont les Sphères de l'Unité; celles qui sont sur le côté sont les Sphères de la Dualité (1).

---

(1) Les lignes qui relient devraient être rouges, pour indiquer le courant de la vie; les Sphères de l'Unité, bleues, pour marquer la pureté et la perfection; les Sphères de la Dualité, noires, pour dire la lutte, etc.

LE DIAGRAMME

I. — La première sphère de l'unité. Préparatoire, pour fortifier et perfectionner le caractère et les nouveaux pouvoirs.

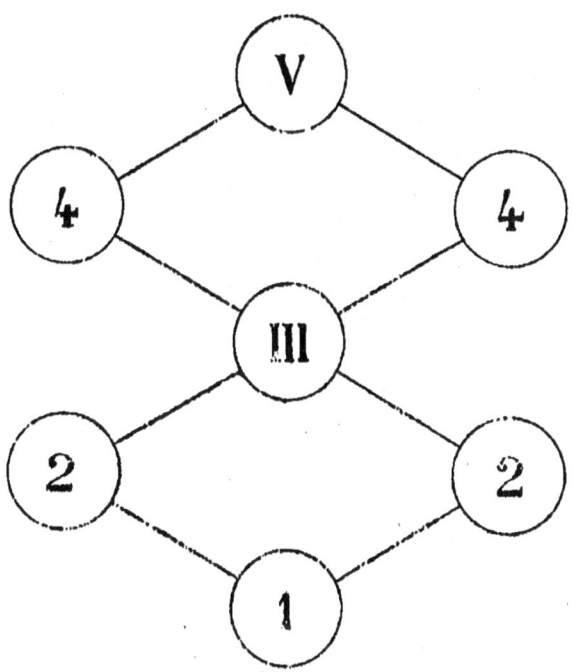

III. — La seconde sphère de l'unité. Pour l'action et l'exercice des pouvoirs.

V. — La troisième sphère de l'unité. Paix ; repos ; l'équilibre de l'être parfaitement manifesté.

2. — Les premières sphères de la dualité. Discipline, croissance, direction et renforcement de ces parties de l'être qui étaient encore faibles et imparfaites.

4. — Les secondes sphères de la dualité. Discipline sur un plan plus élevé : l'achèvement de l'œuvre. L'homme passe maintenant dans la dernière sphère de l'unité, la sphère de la perfection, et au-delà, qu'y a-t-il ? Certainement, nous n'en savons rien.

Les sphères de la dualité sont ainsi appelées, surtout parce que l'ancien état de conscience double (qui dort presque dans les sphères de l'unité) est de nouveau en activité ; ce mot est employé dans le sens d'un conflit entre une partie de notre nature et l'autre, et non pas pour indiquer la possibilité de penser à nous-mêmes comme à deux êtres séparés. Ce double état de conscience est ravivé dans les Sphères de la Dualité, parce qu'il est alors plus facile pour l'Ego de se rendre compte de ses propres faiblesses, de les condamner et de les combattre.

Ainsi, ces sphères sont doubles, semblables à des couples ; doubles par le fait de l'expérience divine, et, par-dessus tout, doubles comme états de conscience.

Les sphères de l'unité sont ainsi appelées, non pas seulement, ou principalement, parce qu'elles sont la sphère une pour tous, mais parce que c'est là qu'existe l'unité de l'état conscient.

L'unité des sept en un est démontrée par l'unité de la manifestation de l'homme ; à travers toutes les sphères, il demeure dans son corps-esprit ; à travers toutes, il est un homme de sept dimensions, jusqu'à ce qu'il arrive à la perfection de son être, autant que nous pouvons juger de la perfection.

Aucun esprit, croyons-nous, ne passe jamais par plus d'une des sphères 2 et 4 : c'est-à dire, il va dans celle de droite ou celle de gauche, mais non pas dans les deux. (Les mots droite et gauche sont seulement employés par rapport au diagramme.)

Qu'est-ce qui fait qu'il entre dans une de ces sphères plutôt que dans l'autre ? C'est le caractère profond, c'est l'inclination intime de son âme. Il n'y a pas d'uniformité dans l'humanité, mais plutôt une diversité infinie ; cependant, pour parler en général, elle est divisée en deux classes.

En effet, les esprits quels qu'ils soient rentrent dans une des trois catégories suivantes. Ils sont :

    Religieux ou scientifiques ;
    Imaginatifs ou pratiques ;
    Introspectifs ou regardant au dehors.

Donc, l'âme passe dans la sphère opposée à celle de sa tendance, afin que sa nature soit cultivée et disciplinée, et qu'elle devienne un être parfait et non pas partiel.

Lorsque nous parlons de parfait et d'imparfait, je pense que vous comprenez ce que nous voulons dire. Le péché, — comme vous le connaissez, — c'est-à dire cette mauvaise volonté qui ne veut pas faire la chose que l'ont sait être juste, ou la volonté également mauvaise de faire ce qui est mal, le péché, dis-je, est finalement laissé en arrière dans le psychique. Par le terme parfait, j'entends l'être essentiel, pleinement manifesté ; et par imparfait, nous voulons dire ce qui n'est pas pleinement manifesté.

L'homme n'est donc pas parfait jusqu'à ce qu'il ait atteint la septième sphère : l'unité dans la paix. Il ne passe donc qu'à travers cinq des sept sphères, mais les sept sont si intimement liées par un perpétuel courant de vie qui circule dans le tout, que l'on peut dire qu'il les habite toutes à la fois.

Finalement, les trois sphères de l'unité se spécialisent ainsi :

I. — Cette sphère désigne l'état où toutes les qualités développées dans la vie physique atteignent leur plus haut degré.

III. — La même chose, mais dans la vie psychique.

V. — La perfection de ce qui appartient au Pneuma.

Et maintenant, avec quels mots décrirons-nous l'esprit-corps ? Il ne ressemble ni au physique, ni au psychique. Ce n'est pas un corps terrestre devenu éthéré ; cependant, il lui ressemble sur un point : c'est qu'il manifeste l'homme réel de diverses manières. Vous vous manifestez par la parole et le regard, et vous percevez les autres par le toucher et l'oreille. Ainsi, l'esprit possède une vision spirituelle, une ouïe spirituelle, une parole spirituelle, etc.

LA VISION

La vision est cette intuition véritable et profonde de l'esprit qui pénètre dans la réalité des choses et dont vous avez eu, sans doute, dans votre vie terrestre, quelques aperçus : cet œil perçant de l'âme qui met à nu les racines, les fondations profondes des choses.

Pierre la posséda pendant un moment, lorsqu'il « vit » le Christ et s'écria : « Tu es le fils de Dieu » ; il ne vit pas le Jésus de Nazareth extérieur, ni la manifestation extérieure du caractère d'un conducteur d'hommes, mais l'âme humaine réelle, véritable et parfaite.....

La vision spirituelle pénètre toujours jusqu'à la racine des choses ; sous l'action juste, elle cherche la vérité ; sous l'action généreuse, la justice ; et sous toute action, l'amour qui est la vie dans sa manifestation la plus élevée.

La vision physique voit le soleil et les étoiles et remarque que le soleil donne la chaleur, et que la vie produit la nuit et le jour, etc.

La vision psychique voit les lois qui gouvernent ces soleils et sait qu'elles sont bonnes.

La vision spirituelle voit la vie qui produit les lois, qui fait qu'elles sont, et qu'elles sont parfaites.

La vision physique voit l'homme riche remplir ses greniers et en construire de plus grands, et elle se rend bien compte que c'est parce que cet homme veut avoir plus de place pour serrer ses biens.

La vision psychique voit pourquoi il fait cela ; c'est afin qu'il puisse dire à son âme : mange, bois et te réjouis.

Le Pneuma s'aperçoit que le ressort de ces actions est l'injustice. L'homme n'étant pas parfaitement juste (ou plutôt la justice n'étant pas pleinement manifestée en lui), a peur de se fier à la nature ; il craint de souffrir ; il a peur des angoisses de la mort, et il espère, en faisant appel à ses facultés inférieures se mettre, mieux que d'autres, à l'abri des forces qu'il craint, au lieu de se fier à elles. Il ne sait pas, qu'en qualité de fils de Dieu, il possède un droit de naissance dont rien ne pourra jamais le priver.

En parlant de la vision physique, nous avons dit qu'elle était strictement limitée à ces « objets » et à ces perceptions qui pourraient être utiles à l'homme, ou lui présenter quelque qualité de l'Âme avec lesquelles il se trouve en harmonie et que, par conséquent, il peut voir. Nous avons dit aussi que, parce que les limitations du temps et de l'espace l'enchaînent encore dans une certaine mesure, l'homme psychique ne peut voir les choses qui sont en dehors de son milieu que lorsqu'elles sont imprimées sur lui par un pouvoir qui est en dehors de lui. Les limites n'existent pas pour la vision de l'esprit, ou du moins pas au même degré. Le champ de la vision, semblable à un cercle, contient en lui toutes les choses et pénètre également au loin et auprès, dans le passé comme dans le présent... Vous vous souvenez du passé, votre mémoire et votre imagination peuvent vous le représenter d'une manière plus ou moins fragmentaire, mais l'esprit voit le passé comme vous voyez le présent, aussi exactement. Lorsque nous disons que tout est à la portée de l'esprit, n'oublions pas que nous employons le mot « tout » dans un sens limité. Par là, nous voulons dire la totalité de la vie psychique de l'Ego. L'avenir est encore un livre scellé, bien que les pouvoirs plus développés de l'intuition permettent de le lire plus clairement qu'auparavant. Cependant, dans le sens de connaître les évènements futurs, comme nous connaissons le passé, nous employons le mot « scellé ».

Elisée dut posséder la vision psychique lorsqu'il vit Guéhazi, qui accomplissait sa mission trompeuse; mais le Christ possédait la vision de l'esprit lorsque, par l'intime connaissance qu'il avait du caractère de Judas, il lui dit : « Celui-ci me trahira ». La vision physique voit la cité assiégée avec le prophète au dedans de ses murs; la vision psychique voit les chariots et les chevaux du Seigneur qui l'entourent à l'heure du danger et le quittent lorsque le danger est passé; l'esprit voit l'amour et la justice; la juste miséricorde qui entoure toujours, non seulement cette ville, mais l'armée des assiégeants et le monde entier.

Les yeux de l'esprit voient donc les formes de l'esprit et le monde dans lequel elles demeurent; mais ils voient plus que cela : ils voient la réalité sous l'apparence, et la vérité sous n'importe quel voile.

Et ce vaste champ de vision ne donne naissance à aucune confusion, car l'harmonie des sphères est si grande que l'œil embrasse le tout ou une partie, aussi facilement que votre œil contemple un paysage étendu ou un petit objet rapproché.

L'OUIE

L'ouïe est la vision considérée à un point de vue légèrement différent. Lorsqu'une faculté quelconque est en activité, est exercée, l'esprit l'entend et, pour lui, c'est la preuve la plus élevée et la plus vraie de la musique. Lorsque la faculté est au repos, elle est, pour lui, la forme la plus élevée de l'art ; la véritable peinture et la véritable sculpture.

L'ouïe n'est pas non plus confinée dans le présent ; le passé, aussi reculé que la première demeure de l'âme dans la chair, peut être entendu par l'oreille spirituelle. L'histoire de l'âme, antérieure à cette première incarnation, devra être dévoilée dans les sphères supérieures : la septième principalement.

LA PAROLE

La parole est constante, ou du moins tend à la continuité. Elle est l'expression de l'esprit, par conséquent elle est constante, comme l'expression du visage d'un homme est le résultat de son caractère constant. Lorsqu'un esprit est purifié et devient « saint », c'est-à-dire qu'il est un en lui-même, il ne cesse de crier jour et nuit : « Saint, saint, saint », non pas je suis saint, mais tu es saint, ô Seigneur, toi vers qui tout mon être tend.

LE TEMPS ET L'ESPACE

« Et le temps ne sera plus. »
« Et lorsqu'ils diront : Il est ici, ou il est là ! n'y va pas ; car le Divin Logos est près de toi, même dans ton cœur. »

Ce que nous avons déjà dit de la vision, nous préparera à comprendre les conditions du temps et de l'espace. L'homme est en train de devenir un être de sept dimensions ; les vieilles chaînes du temps et de l'espace qui l'entouraient, tombent rapidement. La Psyché ne trouvait pas le temps long dans le sens de la fatigue, ni court en ce qu'elle ne pouvait accomplir tout son travail. Le Pneuma n'a plus conscience du temps, il ne semble nullement être enserré par lui. Le passé et le présent sont noyés dans l'éternel « MAINTENANT » et le « ici et là » se confondent dans le « ici, je suis », qui est la réponse constante que l'esprit fait au Dieu, en lui, qui l'appelle.

Hier et aujourd'hui sont indifférents pour lui, également réels et également présents. Par là, il a, pour ainsi dire, le pouvoir d'annihiler les torts du passé, en sorte que ces choses dont son véritable moi devrait être éternellement honteux, pourront être rectifiées plus véritablement qu'autrefois ; et les taches seront lavées dans le sang (qui est la vie de l'esprit).

Ainsi, il voit et entend la somme totale du passé et du présent, qui ne font qu'un. On ne peut pas plus dire qu'il va et qu'il vient que l'on ne peut dire que l'amour et la pitié vont et viennent ; tout ce qu'il connaît est compris au dedans du cercle de son être ; tout cela repose dans son sein, comme l'univers entier repose dans le saint du Très-Haut.

Nous avons déjà expliqué pourquoi les sphères de l'Unité sont ainsi appelées. L'Unité consiste dans la réconciliation de l'homme avec lui-même et dans les premiers développements de sa nature harmonique. A l'époque terrestre, l'homme a souvent, sinon toujours, conscience qu'il y a en lui des éléments qui se font la guerre, des forces opposées, si inégalement balancées qu'il ne peut pas les équilibrer, et que la lutte de ces puissances en lui le déchire. Saint Paul a si clairement décrit cette expérience que c'est à lui qu'il faut toujours aller pour se rendre compte de ce sujet. Ici, ce n'est pas le pouvoir de penser à soi, comme à une entité séparée, qui passe, mais la discorde se fond dans l'harmonie, et le sentiment d'impuissance s'évanouit pour être remplacé par la force qui vient de la véritable unité. Le sentiment de ne pas pouvoir faire le bien que nous désirons, ni nous abstenir des faiblesses que nous déplorons, voilà ce qui attriste nos vies terrestres, et ce qui nous fait penser parfois que nous sommes seulement des êtres mortels et humains, au lieu d'êtres immortels et divins. Toutes ces discordes s'évanouissent dans les sphères de l'unité. L'esprit a été préparé dans l'état du Hadès, car, c'est là qu'il a trouvé que la « volonté » peut faire beaucoup ; mais, dans la sphère de l'unité, elle est toute-puissante. « Unis à moi, vous pouvez tout ; séparés de moi, vous ne pouvez rien. » Soyez un avec le type parfait de l'humanité et toutes choses vous deviendront possibles ; mais séparés de la Vigne véritable et vivante vous ne pouvez rien.

Il est vrai que l'homme en paix avec lui-même n'est cependant pas parfait; il y a encore des choses à développer en lui, et peut-être du mal à détruire. Comment donc l'harmonie peut elle être? La lumière peut-elle exister avec l'obscurité? Nous croyons que les choses sont ainsi : Les parties imparfaites et non développées de son être sont soumises et demeurent ainsi jusqu'à ce qu'il passe dans la sphère suivante ; tandis que les parties qui sont « mûres » sont fortifiées et mises en activité. C'est ainsi que les paroles de saint Jean, ou plutôt de Jésus, adressées à saint Jean dans l'Apocalypse peuvent-être entendues : « Que celui qui est injuste soit encore injuste; que celui qui est souillé se souille encore ; que celui qui est juste devienne encore plus juste. » C'est à-dire, si je ne suis pas encore tout à fait pur et vrai; ou, si je suis saint, mais pas assez animé d'amour, je ne le deviens pas encore dans cette sphère ; mais d'autres qualités sont mises à l'épreuve pour être fortifiées, et le feu de l'expérience profonde finira par consumer la rouille. Tout ce qui appartient au mal est laissé en dehors des portes de la cité, et l'homme privé, pour un temps, de sa main droite ou de son œil droit, entre dans la cité où rien ne peut être rouillé et où toute larme sera essuyée.

C'est là le temps, où plutôt le point dans l'histoire de l'âme, qui est décrit dans la révélation de saint Jean, lorsque le mal est lié pour mille ans et que la partie rachetée de l'homme entre dans l'état parfait (représenté par les 144.000 qui portent des robes blanches) : tandis que la partie, qui est encore imparfaite, reste soumise ; et il est dit qu'elle est jetée dans le feu, ou laissée en dehors des portes de la cité. Comprenez que la perfection n'est que partielle, bien qu'elle semble complète. Alors une trêve se produit dans le conflit avec le mal et les éléments discordants, et au milieu du calme et de la lumière, l'homme se développe et se fortifie rapidement.

Il nous est plus facile de dire ce qu'il n'est pas et ce qu'il ne fait pas que de le décrire tel qu'il est réellement, car notre langage est insuffisant et parfois risque d'induire en erreur, et notre savoir est incomplet. Mais vous devez comprendre, après ce que nous avons dit, que l'homme ne manifeste pas, alors, ces alternatives de force et de faiblesse que vous sentez sur la terre. Ici, par exemple, nous voyons les choses de temps à autre, on peut dire que nous sommes tour à tour voyants ou aveugles; l'homme arrivé à l'unité voit tout et d'une façon continue. Il n'entend pas une fois et n'est pas sourd une autre fois, mais il est clair-audient.

Bien qu'il ne soit plus en désharmonie avec son milieu, nous ne voulons pas dire, par là, qu'il n'y a en lui ni conflit, ni croissance; ses pouvoirs peuvent être éprouvés jusqu'à l'extrême, mais pas au-delà; la force est toujours suffisante pour le jour, et il croit comme une plante dont l'entourage est toujours approprié à ses besoins. Tous ses pouvoirs sont vivants, sont en activité, non pas d'une façon intermittente, mais constamment; c'est un développement supérieur de la vie.

« *Mon père a travaillé jusqu'ici, et je travaille. Et Dieu se repose le septième jour.* » Ceci est tout (ou le peu) que nous pouvons vous dire, chers amis, quant aux nouveaux pouvoirs que possède le

Pneuma (1). Maintenant, que dirons-nous de son travail, de ses occupations ; que fait le Pneuma dans sa nouvelle vie? Pour parler d'une façon générale, rien.

Dans votre vie (surtout à son degré de développement inférieur), l'action (le travail extérieur) est discordante, souvent pénible, bruyante, inefficace, ou plutôt impuissante. Lorsque l'action est unie à la raison et à l'amour, elle devient une chose plus élevée et plus noble. Mais vous savez bien que c'est seulement l'esprit dont l'action est pénétrée qui fait qu'elle n'est pas superficielle et transitoire. Dans l'état suivant (le nôtre), la volonté et le cœur règnent suprêmes : tout en employant des moyens extérieurs, ils travaillent sur un plan plus élevé et dans des buts plus nobles, jusqu'à ce que ce nouveau pouvoir, que nous avons appelé la volonté, devienne de plus en plus indépendant et n'ait plus besoin d'instruments — quelque nobles qu'ils puissent être — pour exprimer sa vie et son véritable Moi. Dans les « sphères », l'action, en tant qu'extérieure ou différenciée au plus faible degré de l'être, n'a pas de place.

L'esprit n'a pas besoin d'aider son frère car il *est* le secours. Il n'aime pas son prochain, il *est* l'amour ; il ne montre pas de la miséricorde, il *est* la miséricorde. Le soleil de la bienveillance luit dans la cité de son esprit ; lui-même, l'Agneau, l'Homme, en est la lumière. L'océan de la pitié purifiante ne baigne pas les rivages de son être, car il *est* lui-même la pitié. Du centre de son esprit, émanent tous les rayons, et cependant ils ne sont pas, pour cela, détachés de lui : les rayons sont lui-même et il est les rayons. On ne dit pas à son frère : moi et toi, car toi et moi sont un, et il n'y a aucune différence.

Cependant, il n'y a rien de vague, de nuageux, de terne dans cet état. A mesure que l'homme se développe en Dieu, il n'est pas moins vivant, au contraire. L'infini absorbe en lui le fini, et le Dieu contient l'homme dans son sein.

Ce nouvel être est bien décrit par le Voyant, lorsque, pour illustrer la vision, il parle de l'esprit qui est tout yeux au dedans et au dehors ; et, faisant allusion au mouvement et à l'activité, il représente l'esprit comme des roues dans des roues : ce cercle parfait de la vie dont le centre est le repos absolu.

En outre, le Pneuma ne crée pas son milieu, car il est un avec lui. Il n'a pas à faire quoi que ce soit ; il crée par le fait même qu'il existe, étant à la fois la créature et le créateur. « Moi et mon Père, nous sommes un. »

---

(1) L'esprit à son degré de développement supérieur.

LE VÉRITABLE MILLENIUM

Et ils régnèrent avec lui mille ans.

Il semblera peut être illogique de parler de la longueur du temps pendant lequel l'homme spirituel reste dans la première sphère de l'unité ; car, comme nous l'avons déjà dit, les limites du temps sont à peine senties par lui ; mais cette période, telle que vous et nous-même pouvons nous la représenter, est d'environ mille ans. C'est le véritable millenium dont parle saint Jean, alors que ce qui est prêt, ce qui est mûr pour être transplanté dans le nouveau monde y va, et que ce qui n'est encore pas développé reste endormi, — est lié par des chaînes et jeté dans le puits de l'oubli. Les sauvageons du caractère, qui ont suffisamment grandi, sont transplantés dans le nouveau sol, où ils croîtront avec une vigueur nouvelle, tandis que les pousses trop faibles sont laissées de côté pour un temps.

A ce degré de développement, l'être peut être comparé à une ellipse plutôt qu'à un cercle ; à un sphéroïde aplati, comme votre terre, plutôt qu'à une sphère parfaite.

Dans les sphères de l'unité, l'atmosphère elle-même est la joie ; la douleur est inconnue, le doute, l'insuccès, les désappointements n'existent pas : la vie y est semblable à un puissant océan dont les eaux sont toujours poussées vers la source de la vie et dont la surface n'est jamais troublée par les orages. L'évolution des pouvoirs, qui sont là en activité, poursuit constamment son cours au dedans, en avant et en haut ; c'est bien de cet état que l'on peut dire : « Ils n'auront plus faim et ils n'auront plus soif ; et le soleil ne frappera plus sur eux, ni aucune chaleur. Car l'Agneau qui est au milieu du trône les paîtra et les conduira aux sources d'eaux vives, et Dieu essuiera toute larme de leurs yeux. » « Et ils régneront aux siècles des siècles » (pour toujours). (Pour toujours, ou éternellement, se rapporte à cet état particulier dont nous avons parlé et signifie ici, cette longue période que nous supposons être d'environ mille ans.)

UN MESSAGE DE LA PREMIÈRE SPHÈRE DE L'UNITÉ

Une mère à sa fille sur la terre

Bien-aimée, je vais essayer de te faire comprendre ce qu'est la vie que je mène ici maintenant, afin que tu puisses être en communion avec moi et que tu te rendes mieux compte de ce qu'est ta destinée ; car le temps est court et la vie la plus longue sur la terre, ou dans le Hadès, te paraîtra comme un rêve lorsque tu regarderas en arrière.

Je ne suis pas seulement ta mère physiquement ; non, il m'a été confié, comme à toutes les mères et à mon insu, un pouvoir, une influence, un courant de tendances que j'étais chargée de te transmettre et qui devait façonner tout ton être et toute ta vie. Si j'avais été plus fidèle à l'idéal supérieur que j'avais entrevu, cela aurait été plus heureux pour moi et la vie serait plus facile pour toi. Mais ce n'est pas de cette vie terrestre dont je veux parler ici, et je ne dois pas non plus m'appesantir sur ma seconde vie. Celle-là a été tranquille et heureuse, en sorte que je n'y ai pas développé, par la souffrance et la lutte, certains côtés de ma nature qui sont maintenant faibles.

Mais, parlons d'abord de mon arrivée ici.

Au moment de quitter ce premier état, j'entendis comme un appel subit, un ordre d'avoir à concentrer tous mes pouvoirs et de voir ce qui me faisait défaut. C'était comme une voix, en moi, qui semblait me dire : « Es-tu prête à partir ? » Je regardai autour de moi et m'examinai pour voir où j'en étais. La douce paix qui avait rempli mon âme pendant si longtemps était troublée, et je me trouvais éperdue, tandis que je cherchais en moi des vertus que j'aurais dû acquérir depuis si longtemps.

Personne ne m'accusait, mais c'est moi qui étais mon propre juge. Je trouvais qu'en moi, l'amour était trop peu rayonnant, la pitié trop enfouie dans mon cœur, la vérité incomplète. Alors, la voix intérieure me dit : « Va en avant ; la faiblesse sera fortifiée, le mal coupé et rejeté dans l'obscurité ; va en avant dans la lumière d'un nouveau jour. »

Mon âme sembla alors s'étendre, s'élever, ou plutôt il me parut que mon esprit brisait mon corps-âme, comme s'il naissait d'une façon consciente, et alors, au lieu de me sentir dans la lumière, je me trouvai dans une complète obscurité — une obscurité telle que je n'en avais encore jamais connue. Cette obscurité me semblait comme vide (si je puis m'exprimer ainsi) ; pas un son, pas une chose, pas un être. J'essayai de parler, mais je ne pouvais pas ; d'atteindre quelque chose, n'importe quoi ; tout était espace, vide. Mais cela ne fut que pendant un instant. J'avais essayé d'entendre et de voir au moyen de mes anciens pouvoirs psychiques que je ne possédais plus ; et mon esprit nouveau-né (non pas nouvellement créé) n'avait pas encore été appelé à se servir de ses nouveaux pouvoirs.

Alors, quel changement glorieux ! la lumière, la vie, la musique, partout la beauté, un courant débordant et incessant. J'avais cherché au dehors ce qui était au dedans de moi ; c'est dans mon propre sein que se trouvait ce nouvel univers : il n'était pas éloigné ni séparé de moi.

D'après cette expression que j'emploie, « regarder au dedans », tu concluras peut-être que nous n'avons pas de corps et que nous sommes de purs esprits. Il n'en est rien ; nous avons des corps spirituels qui sont aussi supérieurs à nos corps psychiques que ceux-ci l'étaient à nos corps physiques. Je ne puis absolument pas te les décrire clairement, mais ils sont une manifestation réelle, une partie de notre être, et non pas seulement un vêtement. Sur la terre, nous parlions des trois règnes de la nature Si tu le peux, représente-toi que nos formes incarnent et combinent la force et la durée du minéral, la beauté de la rose et la vie consciente de l'animal. Ou, si tu veux, unis en pensée le lys à l'arc-en-ciel et joins-y une âme qui regarde par des yeux humains, et tu auras quelque idée de ce que je voudrais te décrire.

Ensuite, je te dirai que notre vie n'est pas un mélange de joie et de chagrin, de travail et de repos comme était la précédente. Depuis que je suis ici, je n'ai éprouvé aucun chagrin, aucune fatigue, aucune lassitude de l'esprit, et je n'ai constaté aucun symptôme de ce genre parmi ceux qui m'entourent.

Lorsque nous étions dans le monde psychique, nous avions le sentiment d'être séparés de votre monde et de celui-ci; nous n'avions qu'une vision fragmentaire. Maintenant l'univers est toujours ouvert en entier devant nous. Nous voyons tout — mais non pas, cela va sans dire, les choses matérielles. Par tout voir, je veux dire que la vie-âme, en arrière jusqu'à ses manifestations dans les corps terrestres et en avant jusqu'au « maintenant » dans lequel nous vivons, est ouverte devant nos regards.

Mes enfants, par exemple, sont ici avec moi depuis leur naissance jusqu'au moment où vous lisez ces lignes; ils sont complètement révélés et toujours vivants devant moi. Votre passé et votre présent sont un, en sorte que je ne vois aucune différence entre votre enfance et votre jeunesse; car nous voyons la vie comme un cercle parfait, et qui dira où elle commence et où elle finit ? La seule différence que nous remarquons, c'est qu'à certains endroits du cercle l'or pur brille, tandis qu'à d'autres il est terni par les nuages des erreurs et des péchés passagers.

Dans la vie précédente, nous voulions d'abord, puis nous agissions; nous disions, puis nous accomplissions; l'intérieur précédait l'extérieur. Ici, il n'y a pas deux choses, mais une seule : nous ne paraissons pas penser ou agir, — nous sommes; je ne désire pas et je n'accomplis pas — je suis; il n'y a pas besoin de désirer quelque chose puis de l'obtenir; tout est au dedans de moi et je n'ai qu'à l'envoyer au dehors en respirant. Il suffit que je *sois* et toutes choses sont comprises là-dedans.

Je ne sais si tout cela te paraîtra clair, ou si tu ne verras là que des mots sans signification. Peut-être qu'en essayant de te représenter ma personne comme étant par nature, plus semblable à ce que tu crois que Dieu est, tu auras une impression qui te rapprochera de la vérité autant que cela se peut.

Je crois, bien-aimée, que dans cette sphère il ne peut y avoir ni tristesse, ni désirs non satisfaits ; mais je crois, aussi, qu'un temps viendra où nous passerons plus loin, un temps où la vie sera différente, et où la lutte pourra recommencer sous de nouvelles formes.

Une chose que je ne possédais pas lorsque j'arrivai ici, c'est l'amour pour les autres, pour ceux qui n'étaient pas liés à moi sur la terre. Je suis encore quelquefois fermée à l'égard de plusieurs de ceux qui sont ici, mais je vis de la vie de mes bien aimés, ne faisant qu'un avec eux, et cherchant toujours à attirer leurs esprits vers la grande source de la vie, vers leur Père et mon Père.

La notion du temps n'existe presque pas pour nous ici, et nous ne nous rendons pas compte de la différence qu'il y a entre près ou loin. Nous n'avons jamais l'impression d'être arrêtés en quoi que ce soit dans notre vie, et nous éprouvons, au contraire, un sentiment de pouvoir infini, de joie, de bénédiction, — c'est à dire que nous *sommes* cela plutôt que nous n'en faisons l'expérience.

J'ai dit que je ne ressentais pas cette expansion d'amour que j'aurais dû éprouver pour ceux qui n'avaient pas été en rapport avec moi dans ma vie terrestre. C'est pour cette raison que je ne suis pas en complète union avec ceux qui sont ici; ils semblent exister en dehors de moi plutôt qu'au dedans de moi. Cette restriction durera tant que je serai dans cette sphère.

Si je le pouvais, je voudrais bien t'expliquer dans quel rapport je me trouve à l'égard de Dieu et du Christ. Je sais que vos amis vous ont donné des enseignements profonds au sujet de l'Être de Dieu; mais je ne puis te parler que de ce que l'expérience m'a appris. Dans le monde psychique, le Christ était pour moi un instructeur, un ami, un Dieu, tout cela à la fois; ma vie et mon bonheur semblaient émaner de lui. Ici, je le vois encore comme dans le monde psychique, avec un corps tel que nous en avions tous dans cette sphère, et cependant j'ai la conscience qu'il est ici et que je reçois de Lui un courant constant de vie, sans lequel je sens que je ne pourrais pas exister. Je sais qu'il est toujours véritablement Homme, mais infiniment plus avancé dans le cours de l'évolution que je ne le suis. Cependant, il est bien pour moi ce que j'ai dit — tout ce dont j'ai besoin pour m'élever au-dessus de cette vie inférieure qui est la mort, si on la compare à la vie supérieure. Il se peut que Dieu soit, par rapport au Christ, ce que le Christ est par rapport à moi; je ne sais pas.

Je ne puis pas t'en dire davantage. — Nous voyons autour de nous toutes les formes-âmes et cela continuellement; il n'y a ni obscurité ni vide.

Nous entendons toutes les pensées-âmes, qui forment une grande harmonie. Nous connaissons toutes les réalités — âmes, sans oubli et sans erreur.

Ne te figure donc pas que je puisse jamais être séparée de toi ; ton véritable être demeure ouvert devant moi, comme le mien le sera pour toi lorsque tu passeras dans cette sphère.

Enfin, bien-aimée, n'oublie pas que, bien que je sois d'une certaine manière ta mère, je suis dans un autre sens, ton enfant ou ta sœur : ici tous les liens sont compris dans un seul, en sorte que tu es à moi et que je suis à toi pour toujours.

Je ne puis pas signer ceci, car mon nouveau nom ne peut s'exprimer.

CONCLUSION

Nous ne pouvons presque rien vous dire au sujet des sphères qui sont au delà de la première. Les noms que nous leur avons donnés indiquent suffisamment ce qu'elles sont. Après s'être reposé et fortifié dans la première sphère de l'unité, l'homme passe dans l'une des sphères de la dualité, et là le conflit recommence, mais sur un plan plus élevé. Les côtés de sa nature qui, jusqu'alors, ont été assoupis, sont maintenant éveillés à une nouvelle vie, et l'esprit lutte pour se manifester plus parfaitement dans tous les sens où il a été incomplet Alors, grandement fortifié et agrandi, il passe dans la sphère de l'Action. Nous croyons que là il devient le Créateur plutôt que la créature. Il ressemble au Seigneur Dieu qu'adoraient les anciens Hébreux, mais avec les taches et les limites que ceux-ci imputaient à leur Créateur idéal.

La seconde sphère de la lutte est trop éloignée pour que nous puissions la comprendre. Alors vient l'Unité dans la Paix, l'état le plus élevé que nous puissions nous représenter. Il nous faut renoncer à parler de l'Esprit tel qu'il existe dans cet état, car sans un corps, ou une forme manifestée quelconque, il est pour nous, comme pour vous, incompréhensible.

Et maintenant, chers amis, nous devons terminer ce petit livre. Le dicter a été pour nous un véritable plaisir, et nous croyons qu'il pourra être pour vous et pour tous ceux qui le liront, un guide et un ami. Encore une fois nous vous disons: N'interprétez pas trop littéralement nos paroles ; que l'esprit de votre langage parle à votre esprit. Et ne limitez pas non plus la vie à ce que nous vous en avons dit, car il y a une grande quantité de choses que nous ne connaissons pas, comme aussi beaucoup d'autres que nous ne pouvons pas vous décrire.

Mes dernières paroles sont :

Ne crains rien.

Ne crains ni la Vie ni la Mort ; car toutes deux ne sont que le souffle du Divin.

Ne crains ni de perdre, ni de gagner ; car le gain sera pour ton frère, et la perte ne fera qu'alléger tes fardeaux.

Ne crains pas les mystères de la vie, car ces mystères ne sont que les profondeurs de ton propre être, et la clef qui les ouvre tous est l'Amour.

Ne crains pas les épines sur le chemin, car elles ne font que protéger les fleurs de ton cœur.

Ne crains ni l'angoisse, ni la lutte ; car la croix est entourée de la couronne de la victoire.

Ne crains rien de ce qui t'unit à tes frères ; rien de ce qui te rend capable de comprendre et de supporter les faibles. Mais, les yeux toujours fixés sur ce qui est le plus Haut, avance-toi sur le chemin de la destinée, jusqu'à ce que l'extérieur devienne l'intérieur et que les notes discordantes de la nature s'unissent en un grand AMEN.

Vos amis vous saluent au nom de l'Universel.

L'ÉCOLE DE GIOTTO.

APPENDICE

La communication suivante, reçue en 1891, aidera peut-être le lecteur à comprendre les allusions fréquentes qui ont été faites, dans ces pages, aux dimensions et aux lois concernant la dimension.

Cher Ami, on me dit que la question de la quatrième dimension vous intéresse. Il *existe* une quatrième dimension, que vous pouvez facilement comprendre, quoique vous n'y soyiez pas encore arrivé. En outre, de la ligne, du carré et du cube, il y a quelque chose qui représente ce que vous pourriez appeler la sphère *inter-pénétrante*. Vous connaissez le mouvement en avant, en haut et en large ; mais, dans l'avenir, il y aura aussi un mouvement *à travers*.

A présent, un corps doit se déplacer, pour ne pas se trouver sur le chemin d'un autre, mais *alors*, ils se pénétreront réciproquement.

Maintenant, comme vous le savez, deux corps ne se touchent pas réellement ; mais alors, non seulement le (soi-disant) solide passera à travers le solide par la séparation de chaque molécule, mais il y aura aussi une fusion de molécules et une séparation à volonté. C'est ce qu'on peut appeler l'*inter sphéricité*, ou inter-pénétration des sphères.

Cette quatrième dimension que vous devinez à peine, est, à nos yeux, la première, car les trois autres disparaissent, pour nous, comme trop grossières et imparfaites. Pour mieux comprendre la chose, représentez-vous un homme qui ne pourrait marcher que dans deux dimensions. *Vous*, vous pouvez marcher dans trois, mais dans l'avenir, il y aura quatre dimensions, — en haut, en bas, en large et à travers.

Il me semble qu'un symbole qui pourrait être ajouté à la ligne, au carré, et au cube, serait celui-ci : une sphère creuse, avec d'autres sphères plus petites, les unes au dedans des autres; quelque chose comme les balles au dedans des balles que fabriquent les Chinois. Il faut se représenter ces sphères comme si elles étaient composées d'une sorte de fluide élastique, les sphères plus grandes étant amenées par la compression, à passer à travers les plus petites, et les plus petites, par expansion, pouvant passer à travers les plus grandes. Ainsi, chaque sphère peut être au dedans ou au dehors des autres.

Maintenant, laissons le symbole et retournons au nouveau pouvoir qu'il représente; le solide peut devenir fluide, passer à travers le solide (qui, pour le moment, est aussi fluide) et puis, reprendre sa première forme.

Si ce pouvoir était perfectionné, il donnerait à l'homme une faculté complète de progression, dans toutes les directions et dans chaque département de l'univers. L'homme pourrait alors passer à travers les montagnes, ou s'élever dans l'atmosphère, à une hauteur quelconque, en changeant pour ainsi dire, sa propre densité et la densité du milieu qu'il devrait traverser; rien ne serait pour lui un obstacle.

Venons-en à la cinquième dimension. Ici, je rencontre plus de difficultés. On vous a déjà enseigné que votre monde et le nôtre ne sont pas comme deux globes côte à côte et indépendants l'un de l'autre, mais, ainsi qu'un esprit habite un corps, notre monde habite le vôtre. Pour passer de votre monde au nôtre, il faut le changement violent de la mort du corps, (du moins dans presque tous les cas). Ce n'est que d'une manière exceptionnelle et partielle que vous pouvez arriver jusqu'à nous, et nous jusqu'à vous. Mais, le temps viendra où les limites de ce monde visible ne seront plus ses limites, et l'être humain pourra passer du visible à l'invisible, avec la plus grande rapidité et la plus grande facilité. Le Fils de l'Homme a possédé ce pouvoir pour un temps, à un degré limité; et, à différentes époques, il y a été fait allusion comme à une chose qui devait arriver; mais, dans l'avenir dont nous parlons, les hommes passeront d'un lieu à un autre aussi facilement que voyage la pensée.

Appelons la quatrième dimension: progression intérieure et, alors, la cinquième pourrait s'appeler trans-progression. De sphère à sphère, d'étoile à étoile et d'étoile à soleil, les enfants des hommes voyageront à volonté. (Je ne parle pas ici des étoiles visibles, mais du grand univers invisible.) Ces possibilités seront les vôtres, lorsque vous passerez dans notre premier état rudimentaire.

A mesure que les hommes s'élèveront de dimension à dimension, leurs pouvoirs seront transformés et augmentés de différentes façons. Ce ne sera pas seulement une intensité de la force de progression, mais l'ouverture de nouvelles facultés dans toutes sortes de directions. Il arrive dans notre sphère, des êtres si peu développés quant à leurs principes supérieurs, qu'ils ne peuvent pas faire plus, ici, que de passer d'un lieu à un autre sans que rien ne les en empêche; ils mènent une sorte de vie animale. Quelques-uns errent dans l'atmosphère de votre monde, cherchant à nourrir leurs âmes faibles et liées à la terre, et c'est de cette classe que proviennent la plupart des manifestations physiques, parce que le lien qui attache leur nature inférieure à la terre n'a pas encore été brisé.

Ces lois de dimension commencent très bas dans ce qui est uniquement physique, et s'élèvent graduellement, à mesure que les pouvoirs de l'être se développent. Il n'y a pas de séparation tranchée, comme vous le savez, entre le physique et le psychique, entre le psychique et le spirituel, et entre le spirituel et cet état plus élevé encore, que vous appelez l'état divin.

La sixième dimension commence à être sur un plan supérieur. Les cinq premières dimensions ont rapport à ce que nous pourrions appeler l'*espace*; les séries suivantes ont à faire plus spécialement avec ce que vous appelez le *temps*.

Dans cette première dimension du temps, l'être sait, par expérience, qu'il n'est plus limité par les conditions du temps, telles qu'elles existent pour vous ; le temps n'est pas long ou court ; la longueur d'une vie peut être traversée en un moment ; ou un moment peut durer une vie ; un jour pour Lui est comme mille ans, ou mille ans comme un jour.

Si je dois accomplir un acte, je ne suis ni lié, ni pressé par le temps. Ainsi le Maître produisait les pains en un instant, ou réparait les tissus usés de l'organisme humain en quelques secondes, tandis que, dans d'autres occasions, il semblait que le pouvoir lui faisait défaut, et il s'écriait : « J'ai une œuvre à faire, et combien je suis tourmenté jusqu'à ce qu'elle soit accomplie. » Nous n'entrons que partiellement dans cette dimension, mais il y a parmi nous des esprits supérieurs pour lesquels c'est l'état normal.

Vient ensuite la septième dimension ou la seconde dimension du temps. Dans celle-là, l'être fait un grand pas en avant ; les limitations du temps disparaissent plus complètement qu'auparavant ; on peut vraiment dire que, pour lui, le temps n'existe pas. Le passé (ou ce qu'on a appelé le passé) est, à ses yeux, la même chose que le présent, et l'avenir seul lui est encore caché. Quelque peu de l'esprit et du pouvoir de l'Eternel JE SUIS est au dedans de lui, et il est un peu plus près du Divin.

Votre mémoire est limitée à ces marques ineffaçables sur le roc de votre être qui, à une période quelconque, ont été faites par les vagues de votre vie consciente.

Mais, pour celui qui habite la sphère dont nous parlons, il n'en est pas ainsi ; toutes choses sont au dedans de sa mémoire. Et mieux que cela, ces choses peuvent se développer devant lui à volonté et d'une manière réelle. Ce pouvoir augmente beaucoup les joies des sphères où il habite.

C'est à cette puissance que le Maître faisait allusion lorsqu'il disait : « Avant qu'Abraham fût, je suis. »

Après les dimensions du temps, viennent celles qui appartiennent plus directement à la volonté humaine, à ses limites et à ses entraves.

TABLE DES MATIÈRES

Préface

I. LA PSYCHÉ.

Introduction.
Limitations de la connaissance.
L'unité de Dieu.
L'unité de l'homme.
L'unité de la Vie.
Vue rétrospective.
L'article de la mort.
Le passage.
Le sommeil psychique.
Le réveil de l'Âme.
L'homme riche.
Lazare.
L'homme de chair.
L'idolâtre.
L'étang de la mémoire.
L'enfant.
L'expérience d'une mère.
L'homme véritable.
L'homme parfait.
Conditions de la vie dans le monde psychique.
La Psyché.
La nouvelle vie.
Les Ecoles.
Le Gouvernement.
La Religion.
Le mariage.
La Sainte Cité.
Harmonie de la Nature.

II. LE PNEUMA.

Introduction.
La transition.
La vie supérieure.
La vision.
L'ouïe.
La parole.
Le Temps.
L'Espace.
Le véritable millénium.
Le message de la mère.
Conclusion.
Appendice.

ALENÇON. — IMPRIMERIE GUY, VEUVE, FILS ET Cie

www.ingramcontent.com/pod-product-compliance
Lightning Source LLC
LaVergne TN
LVHW050623090426
835512LV00008B/1636